小学生《しょうがくせい》と考《かんが》える「性《せい》ってなに？」

サッコ先生《せんせい》と！

からだこころ研究所《けんきゅうじょ》

産婦人科医

高橋幸子

リトルモア

はじめに

こんにちは！　私《わたし》は医者《いしゃ》をしている高橋幸子《たかはしさちこ》です。あなたは病院《びょういん》といったら、どんなところを思《おも》い浮《う》かべますか？　小児科《しょうにか》？　歯科《しか》？　整形外科《せいけいげか》？　眼科《がんか》？皮膚科《ひふか》？　いろいろ知《し》っているんだね〜。私《わたし》は産婦人科《さんふじんか》の医者《いしゃ》です。産婦人科《さんふじんか》って知《し》っていますか？

産婦人科《さんふじんか》は、おなかに赤《あか》ちゃんがいる女性《じょせい》と、その赤《あか》ちゃん、両方《りょうほう》の命《いのち》をあずかる、とっても責任《せきにん》があるお医者《いしゃ》さんです。さらに、おなかに赤《あか》ちゃんがいなくても、自分《じぶん》を女《おんな》の人《ひと》だと思《おも》うすべての人《ひと》にとって、赤《あか》ちゃんのころからおばあちゃんになるまで、ずっとみかたになってくれるのも産婦人科《さんふじんか》です。私《わたし》はその中《なか》でも、小学生《しょうがくせい》から大学生《だいがくせい》までをみる、思春期外来《ししゅんきがいらい》というところで働《はたら》いています。

これから、私《わたし》は科学者《かがくしゃ》として、みなさんにお話《はなし》をしたいと思《おも》います。えっ、お医者《いしゃ》さんじゃないの？　と思《おも》ったかな。医者《いしゃ》は、体《からだ》の科学《かがく》の専門家《せんもんか》だから、科学者《かがくしゃ》でもあるんですよ。

科学者《かがくしゃ》は、新《あたら》しいことを知《し》るのが大好《だいす》き。みんなも初《はじ》めて教《おそ》わることって、ワクワクしちゃうよね。人間《にんげん》の体《からだ》には、いろんな機能《きのう》があって、びっくりしたり、感心《かんしん》したりすると思《おも》います。私《わたし》は子《こ》どものころ、尿《にょう》（おしっこ）ができるしくみにすごく感心《かんしん》しました。体《からだ》の中《なか》のいらないものを外《そと》に出《だ》しながら、大切《たいせつ》なものは体《からだ》にもどす、というしくみね。これってめちゃくちゃすごいことなんだよね。

この本《ほん》では、体《からだ》のしくみの中《なか》でも特《とく》に「性器《せいき》」について勉強《べんきょう》するよ。「性器《せいき》」は、みんなにとっての「プライベートゾーン」にふくまれます。プライベートゾーンとは、水着《みずぎ》でかくれるところ（男《おとこ》の子《こ》のむねもだよ）と、くちびるです。新《あたら》しい言《こと》葉《ば》にワクワクしちゃうよね。

世界中《せかいじゅう》の子《こ》どもたちも、5才《さい》から、プライベートゾーンの大切《たいせつ》さを学《まな》んでいるよ。日本《にほん》でも、プライベートゾーンのことを学《まな》ぶチャンスがふえてきています。

プライベートゾーンを大切《たいせつ》にできる人《ひと》は、自分《じぶん》を大切《たいせつ》にできる人《ひと》。そしてプライベートゾーンを大切《たいせつ》にできる人《ひと》は、また、お友《とも》だちとまわりの人《ひと》を大切《たいせつ》にできる人《ひと》でもあります。それを聞《き》いて、一番《いちばん》に思《おも》い浮《う》かべる人《ひと》って、だれだったかな。

人《ひと》を大切《たいせつ》にする人《ひと》は、人《ひと》から大切《たいせつ》にされます。あなたもだれかから、大切《たいせつ》にされているな、と思《おも》うときは、うれしいでしょう！　そして、自分《じぶん》を一番大切《いちばんたいせつ》にできるのは、なんと、自分《じぶん》なんですよ。体《からだ》・心《こころ》・性《せい》について知《し》り、健康《けんこう》に過《す》ごすことは、みなさんにとって「権利《けんり》」です。

それでは、自分《じぶん》とまわりの人《ひと》がいきいきと過《す》ごすために、みんなの体《からだ》と心《こころ》のことを「科学的《かがくてき》に・ポジティブに」学《まな》んでいきましょう！

登場人物紹介《とうじょうじんぶつしょうかい》

からくん

友《とも》だちと元気《げんき》いっぱい遊《あそ》ぶことが大好《だいす》きな、小学《しょうがく》4年生《ねんせい》の男《おとこ》の子《こ》。外《そと》ではちょっとクールにカッコつけちゃうけど、家《いえ》では生《う》まれたばかりの弟《おとうと》がかわいくてメロメロ。毎日《まいにち》早《はや》起《お》きをして、なわとびとサッカーの練習《れんしゅう》をがんばってるんだ！

ここちゃん

ワクワクすることとおしゃれが大好《だいす》きな、小学《しょうがく》4年生《ねんせい》の女《おんな》の子《こ》。この1年《ねん》で10cmも背《せ》がのびて、ちょっと大人《おとな》に近《ちか》づいたみたいでふしぎ。1年生《ねんせい》のときから、ずっと絵日記《えにっき》を描《か》いているよ。好奇心《こうきしん》おうせい、食《た》べるの大好《だいす》き、ネコも大好き！

サッコ先生《せんせい》

からだこころ研究所《けんきゅうじょ》へようこそ！ これから私《わたし》がお話《はなし》をしていくよ。ときどき質問《しつもん》をなげかけるから、答《こた》えてみてね。MISSION（ミッション）ではチャレンジしてほしいこと、COLUMN（コラム）ではくわしく知《し》ってほしいことを伝《つた》えるよ。

知《し》っておこう！
みんなの「体《からだ》のきほん」

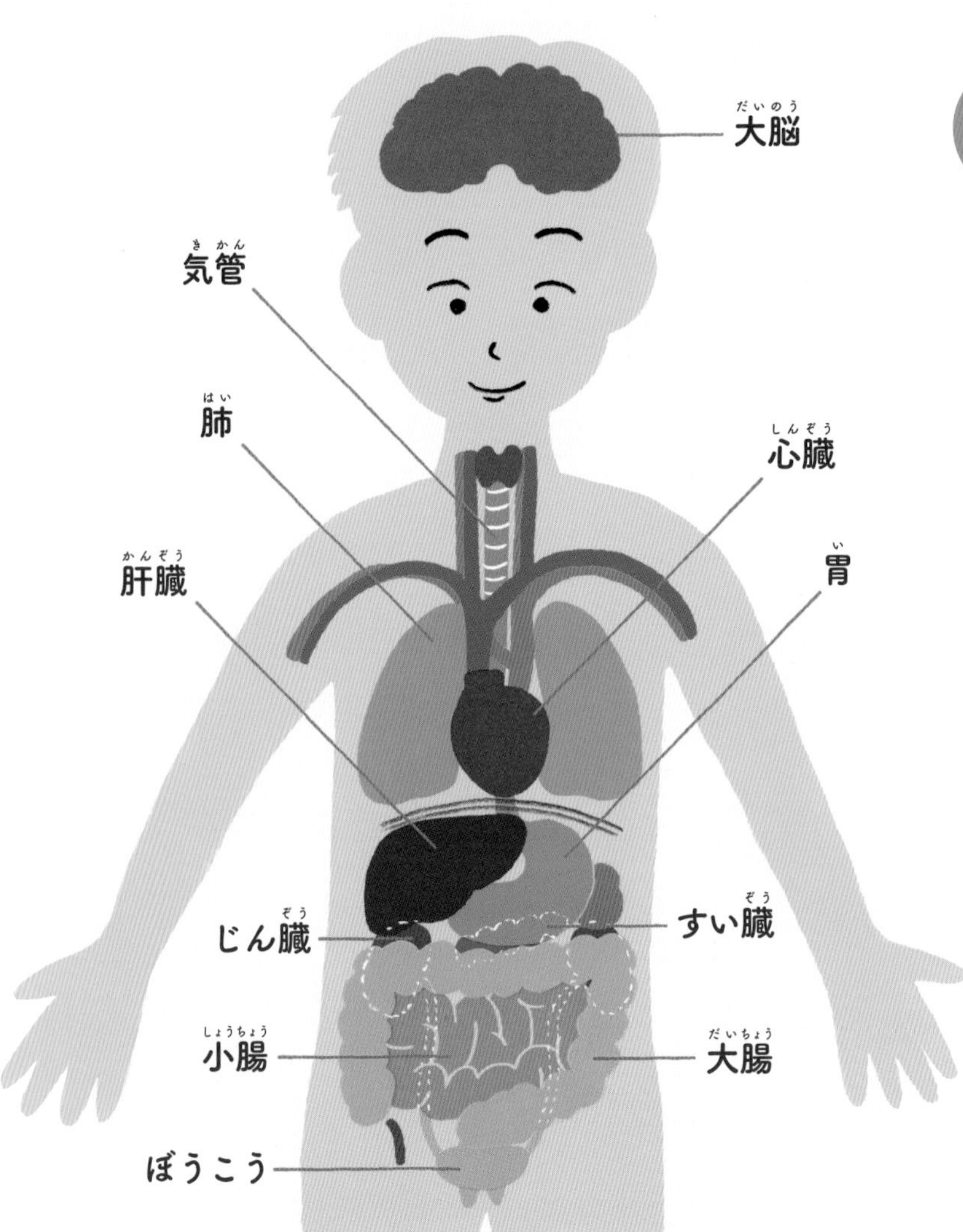

きほん
1

体《からだ》の器官《きかん》

あなたはいくついえるかな？

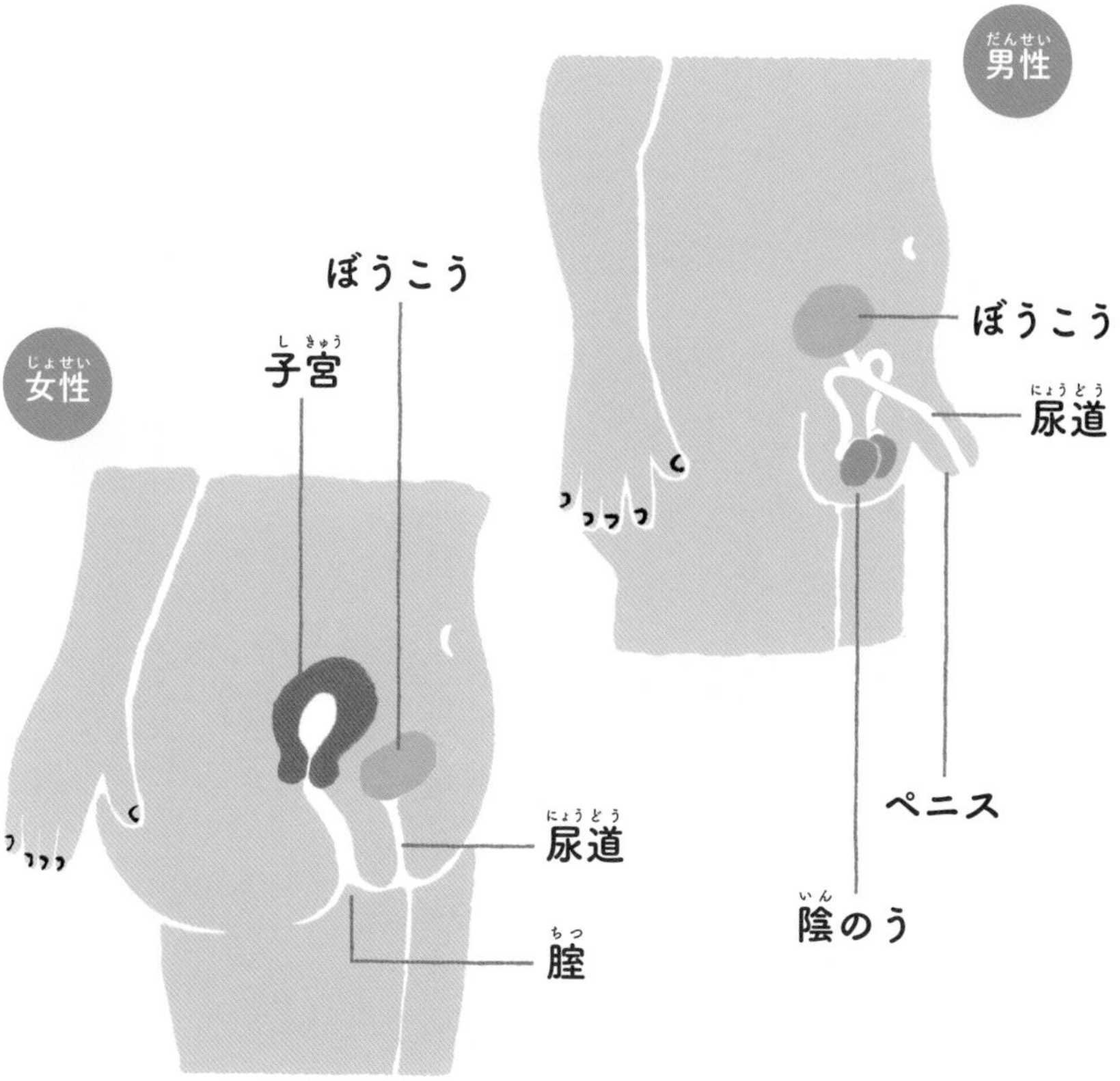

どんな人《ひと》も、またの間《あいだ》には「性器《せいき》」があるよ。男《おとこ》の人《ひと》と女《おんな》の人《ひと》では、かたちや役割《やくわり》が、それぞれちがいます。男《おとこ》の人《ひと》の性器《せいき》は、外《そと》についています。女《おんな》の人《ひと》の性器《せいき》はおなかの中《なか》など、見《み》えないところにあって、男《おとこ》の人《ひと》にくらべると、外《そと》からはわかりにくいね。性器《せいき》のかたちや大《おお》きさは、顔《かお》と同《おな》じように人《ひと》それぞれちがいます。これを「個性《こせい》」といいます。

この本《ほん》には、いろんな体《からだ》の部位《ぶい》が出《で》てきます。わからなくなったら、このページにもどって、絵《え》を見《み》ながらなんどでも確認《かくにん》してね。

きほん
2

プライベートゾーン 覚《おぼ》えて、守《まも》ろう！

男《おとこ》の子《こ》も女《おんな》の子《こ》も、お風呂《ふろ》とトイレに入《はい》るとき以外《いがい》、ずーっとはいているものがあるね。そう、パンツです。

みんなのパンツの中《なか》は「プライベートゾーン」です。「プライベート」とは、「ひとりひとり、それぞれの、ひとりの人間《にんげん》の」という意味《いみ》。つまり、プライベートゾーンは、「ほかのだれかのものではなく、あなただけの」とっても大切《たいせつ》な場所《ばしょ》、という意味《いみ》なんですよ。

ほかにも、水着《みずぎ》でかくれるところ、むねも「プライベートゾーン」。これは、男《おとこ》の子《こ》にとっても同《おな》じだよ。そして、くちびるも！

だから、あなた以外《いがい》の人《ひと》に勝手《かって》にさわらせてはいけません。パンツの中《なか》、水着《みずぎ》の中《なか》は、勝手《かって》に見《み》られることもゆるされません。もちろん、ほかの人《ひと》の「プライベートゾーン」も大切《たいせつ》にしたいですね。

「プライベートゾーンは、水着《みずぎ》でかくれるところ＋くちびる」。しっかり覚《おぼ》えてね。

きほん 3

みんなの体《からだ》 これからの予定《よてい》

人間《にんげん》の一生《いっしょう》は、5つの時期《じき》にわけられ、それぞれの時期《じき》で、ホルモンの様《よう》子《す》がちがいます。

さて、ホルモンってなにかな?

人間《にんげん》の体《からだ》の中《なか》では、百種類以上《ひゃくしゅるいいじょう》のホルモンという物質《ぶっしつ》が働《はたら》いています。ホルモンは、体《からだ》のいろんなところで作《つく》られて、健康《けんこう》を保《たも》つために、機能《きのう》の調節《ちょうせつ》をおこなっているんですよ。脳《のう》からの指令《しれい》が、男《おとこ》の子《こ》は「精巣《せいそう》」に、女《おんな》の子《こ》は「卵巣《らんそう》」に届《とど》いて、それぞれのホルモンが働《はたら》きだします。それが、思春《ししゅん》

期《き》のスタートなのです。

ホルモンのスイッチが入《はい》ると、体《からだ》がだんだん大人《おとな》に近《ちか》づいていきます。体《からだ》がかわる順番《じゅんばん》も時期《じき》も、人《ひと》それぞれちがいます。心《こころ》にも、変化《へんか》がおとずれるんですよ。

読《よ》むときのこころえ

ひとつ。

まずは大人《おとな》のいないところで、ひとりでじっくり、好《す》きなように読《よ》んでみてね。だれのことも気《き》にせずに、あなた自身《じしん》の「体《からだ》」と「心《こころ》」に向《む》き合《あ》ってみましょう。

ふたつ。

ここは、みんなのからだこころ研究所《けんきゅうじょ》。科学者《かがくしゃ》の私《わたし》＝サッコ先生《せんせい》がお話《はなし》をしていきます。あなたも「科学者《かがくしゃ》の助手《じょしゅ》（かっこいいでしょう！）」になったつもりで、楽《たの》しくページをめくっていきましょう。

みっつ。

もしかしたら、体《からだ》や心《こころ》の話《はなし》になると、ちょっとはずかしくなって、モジモジ、ニヤニヤしてしまうかも？

でも、そんなときは思《おも》い出《だ》して！　あなたが科学者《かがくしゃ》の助手《じょしゅ》だということを。科学者《かがくしゃ》は、びっくりしたときも「ワー！」とか「キャー！」とか言《い》いません。ぐっとこらえてうでをくみ、「う～ん、なるほど～！」と言うんですよ。では、練習《れんしゅう》です。

むねの前《まえ》でうでをくんで、「う～ん、なるほど～！」


心《こころ》の中《なか》でつぶやくだけでも、大丈夫《だいじょうぶ》。

正《ただ》しい知識《ちしき》は、きっとあなたの人生《じんせい》をゆたかにしてくれるし、困《こま》ったときはあなたのことを守《まも》ってくれます。だから、この本《ほん》は、どんなときでも、あなたのみかたです。

それでは、科学《かがく》の話《はなし》をはじめましょう。

さぁ、ごいっしょに。

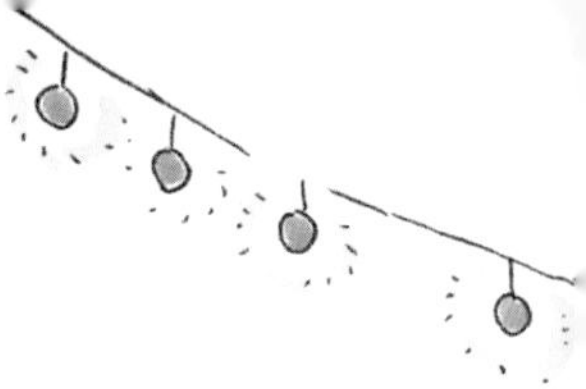

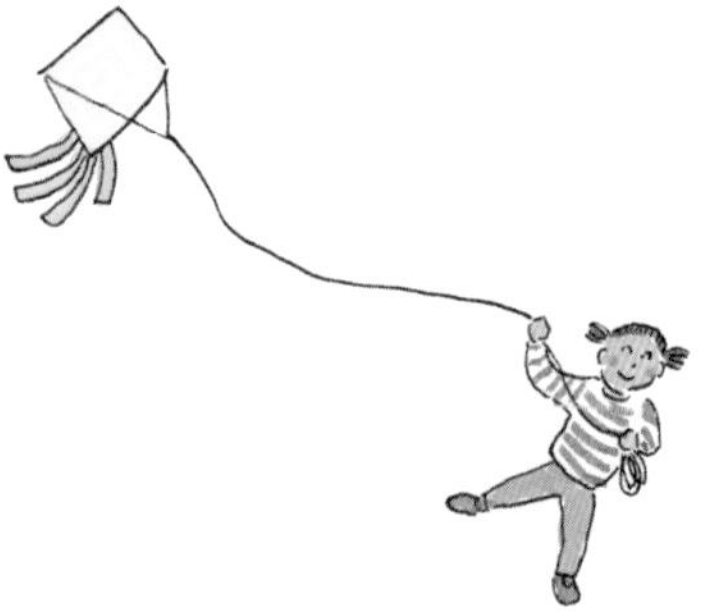

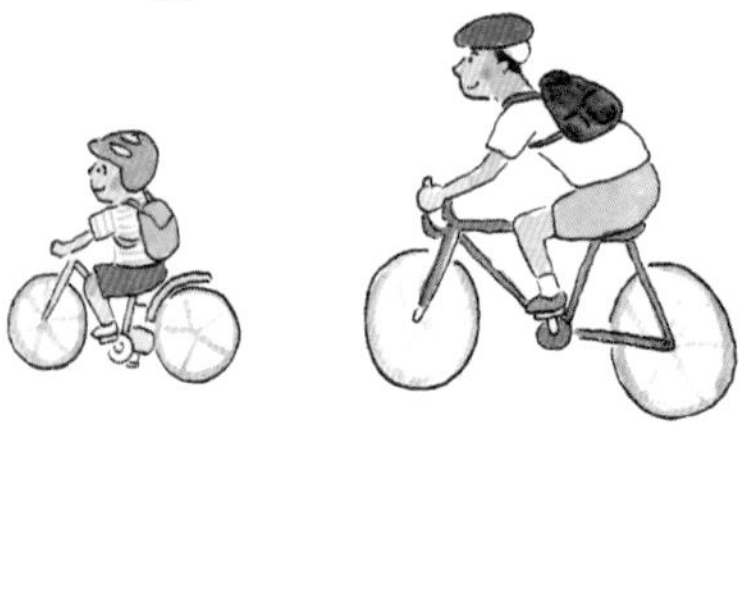

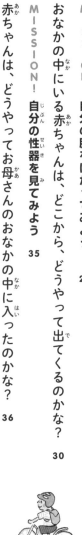

PART 3 思春期《ししゅんき》の体《からだ》の変化《へんか》

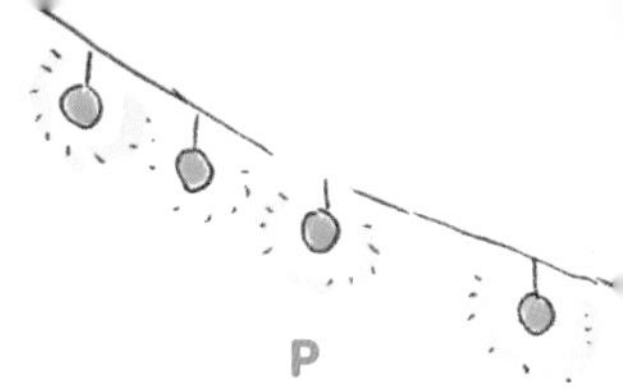

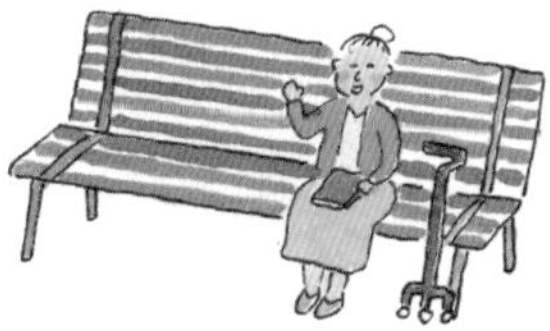

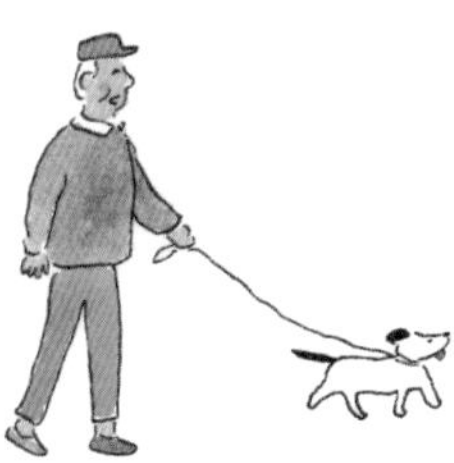

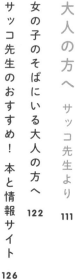

Part 1

おへそのひみつ

こんにちは。今日《きょう》は、おへそのはなしをします。

★「**えっ、なんで、おへそ？**」

ふふふ。みんな、ふだんは自分《じぶん》におへそがついていることなんて忘《わす》れているかもしれないね。

☾「**うーん。そういえば、なんのためにあるんだろう？**」

なんの役目《やくめ》もないように見《み》えるけど、実《じつ》はおへそは、とっても大切《たいせつ》な場所《ばしょ》だったのです！　今日《きょう》は、そのひみつを探《さぐ》ってみましょう。

さて、ここに、かえると、ねこと、わたしたち人間《にんげん》がいます。それぞれどういうふうに

生《う》まれてきたのかな？

かえるは、池《いけ》や、沼《ぬま》や、水《みず》たまりなどに、たまごをうみます。やがて、たまごからオタマジャクシが出《で》てきて、手《て》が出《で》て、足《あし》が出《で》て、かえるになります。

かえるにおへそはあると思《おも》う？

★**「えーっ？」**

かえるには、おへそはありません。ほんものを見《み》ることがあったら、おなかをよーく見《み》てみてね。

ねこは、一度《いちど》にこねこを3～5ひきほどうみます。ねこのお母《かあ》さんがこねこにおっぱいをあげているところを見《み》たことのある人《ひと》はいるかな？

それじゃあ、ねこにおへそはあると思《おも》う？

☽**「うーん……」**

ねこには、おへそがあります。でも、人間《にんげん》のおへそとちがって、くぼんでいたり、でっぱっていたりはしませ

ん。場所《ばしょ》は人間《にんげん》と同《おな》じあたりですが、そこだけ毛《け》が少《すく》なくて、つるっとしています。もしおうちでねこを飼《か》っている人《ひと》がいたら、おなかを探《さが》してみてね。ちょっと見《み》つかりにくいけど、必《かなら》ずあるよ。

かえるにはおへそがありません。ねこにはおへそがあります。そしたら、人間《にんげん》には？

★🌙「あるー！」

そうだね。おなかにひとつ、あるよね。かえるが、ねこや人間《にんげん》とちがうところはなにか、わかるかな？

★「**毛《け》がない！　ぬるぬるしてる！**」

🌙「**たまごをうむ！**」

はい、ぜんぶ正解《せいかい》ですが、ここでは「たまごをうむ」に注目《ちゅうもく》！

たまごから生《う》まれる動物《どうぶつ》には、おへそがないのです。

でも、たまごから生《う》まれないねこには、おへそがある。人間《にんげん》にもあるよね。

どうして、ねこや人間《にんげん》には、おへそがあるんだろう？

「なにかのしるし？」
「うら側《がわ》に、なにかあるとか？」

答《こた》えをいうよ。実《じつ》は、生《う》まれる前《まえ》にお母《かあ》さんのおなかの中《なか》にいたってことと関係《かんけい》があるんです。

おなかの中《なか》の赤《あか》ちゃんは、お母《かあ》さんと細《ほそ》い「くだ」でつながっています。そして、そのくだを通《とお》して、お母《かあ》さんから、「酸素《さんそ》」や「栄養《えいよう》」をもらっています。酸素《さんそ》も栄養《えいよう》も、生《い》きていくため、大《おお》きくなるために必要《ひつよう》なものですね。

赤《あか》ちゃんが生《う》まれると、自分《じぶん》で呼吸《こきゅう》をしたり、お母《かあ》さんのおっぱいやミルクをのめるようになるので、もうそのくだはいらなくなるね。だから、生《う》まれたときにチョキンと切《き》ってしまいます。ねこの場合《ばあい》、母《はは》ねこがかみちぎります。少《すこ》し残《のこ》ったくだも、だんだんかわいて、ポロリと取《と》れてしまいます。そのくだがはなれたあとが、あなたのおへそ。ちなみに、そのくだのことを「へそのお」というよ。

さぁ、わかったかな？　おへそは、みんながむかし、お母《かあ》さんのおなかの中《なか》にいた「しるし」なんです。そして、お母《かあ》さんから、生《い》きるために必要《ひつよう》なものをもらっていた「あと」なんですね。

「う〜ん、なるほど〜！」

今日《きょう》、お風呂《ふろ》に入《はい》ったら、あなたのおへそをじっくり見《み》てみてね。
なんだかすこし、ふしぎな気持《きも》ちになってくるかもしれませんね。

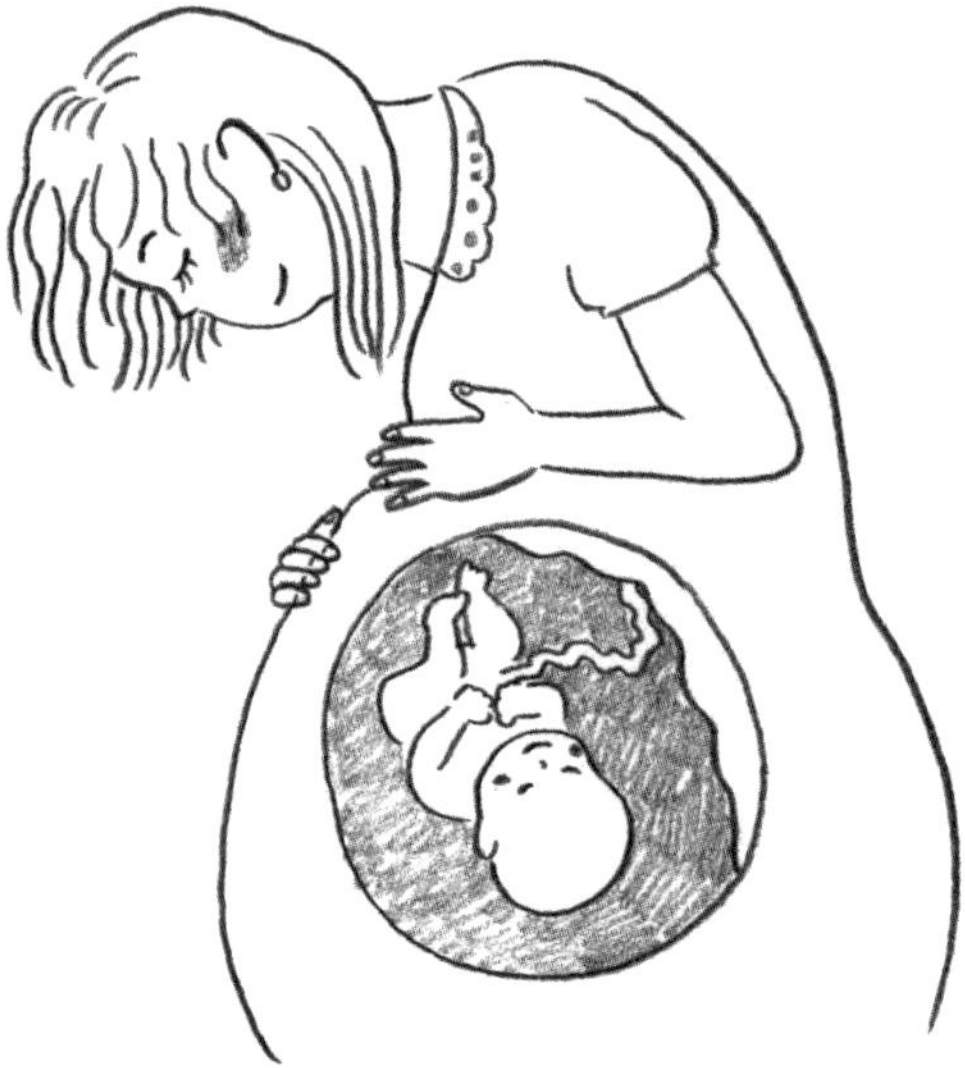

Q & A
おしえて! サッコ先生

Q

へそのおは、赤《あか》ちゃんが生《う》まれる前《まえ》に切《き》れてしまったりしないの?

A

切《き》れてしまうことは、ほぼありません。でも、おなかの中《なか》で、ひものようにからまってしまったり、結《むす》び目《め》ができてしまって、そのまま生《う》まれてくることがあります。生《う》まれてはじめて、へそのおに結《むす》び目《め》があるとわかることも多《おお》いんですよ。なんにも影響《えいきょう》しないで、元気《げんき》な赤《あか》ちゃんが生《う》まれてくることもあります。

たまに、へそのおがギュッときつく結《むす》ばれてしまうと、おなかの中《なか》の赤《あか》ちゃんに十分《じゅうぶん》な酸素《さんそ》や栄養《えいよう》を送《おく》ることができなくなり、ある日《ひ》とつぜん、赤《あか》ちゃんの心臓《しんぞう》の動《うご》きが止《と》まって亡《な》くなってしまうことがあります。とつぜんのできごとに、お母《かあ》さんも、家族《かぞく》も、お医者《いしゃ》さんも、みんな言葉《ことば》をなくしてしまいます。

無事《ぶじ》に生《う》まれてくるって、実《じつ》はすごいことなんだね!

Q へそのおを切《き》ると、お母《かあ》さんと子《こ》ども、どちらがいたいの?

A お母《かあ》さんも、赤《あか》ちゃんも、どちらもいたくありませんよ! ほっとしたでしょう。
みんなが体《からだ》のどこかが「いたい!」と思《おも》うときは、いたみを感《かん》じるセンサー（「痛覚《つうかく》」といいます）がしげきされて、それを脳《のう》が感《かん》じているんです。
でも、へそのおには痛覚《つうかく》がありません。だから、心配《しんぱい》しなくて大《だい》丈《じょう》夫《ぶ》。

Q 切《き》ったへそのおの残《のこ》りは、どうなるの?

A 生《う》まれたての赤《あか》ちゃんのおへそに、へそのおを5センチくらい残《のこ》して、そのはしっこをクリップでとめておくと、およそ1週間後《しゅうかんご》にひからびて、ポロリととれます。ポロリととれたへそのおを、おうちの人《ひと》が大切《たいせつ》に保管《ほかん》して持《も》っているよという人《ひと》もいるかもしれません。見《み》たことがないっていう人《ひと》もいるよね。ひからびたへそのおは、イカのひもの、するめに似《に》ているんですよ。

Part 2

赤《あか》ちゃんが生《う》まれる3つの科《か》学《がく》

おへそのひみつ、みんなはわかったかな？　それでは、こんどは人間《にんげん》に注目《ちゅうもく》して「赤《あか》ちゃんのひみつ」について調《しら》べましょう。

みんなは、赤《あか》ちゃんをじーっと見《み》たことがあるかな？

★「弟《おとうと》がいるよ！」

☽「こないだおばさんの赤《あか》ちゃんをだっこさせてもらったよ！」

それじゃあ、「赤《あか》ちゃんが生《う》まれる」って、いったいどういうことなのでしょう？

ここには、３つの「科学《かがく》」がひそんでいます。

★☽「えっ！　赤《あか》ちゃんにも、科学《かがく》？」

そうです。かわいい赤《あか》ちゃんには、ふしぎがいっぱいあるでしょう？

いまから科学《かがく》でひもといていこうね。

ひとつめの科学《かがく》

「生《う》まれる前《まえ》の赤《あか》ちゃんは、おなかの中《なか》で何《なに》をしているのかな？」

みんなの体《からだ》には、起《お》きているときも、ねているときも、いつでも動《うご》いているところがありますね。心臓《しんぞう》です。まずはあなた自身《じしん》の心臓《しんぞう》を調査《ちょうさ》してみましょう。

MISSION!

自分《じぶん》の脈《みゃく》をはかってみよう!

「脈《みゃく》」って、わかるかな? むねのあたりに、手《て》をあててみて。ドクン、ドクンとリズムを感《かん》じるよね。それは、あなたの「心臓《しんぞう》」のリズムです。そのリズムが血液《けつえき》をつうじて、体《からだ》じゅうの血管《けっかん》(血《ち》を通《とお》す、くだのこと)に伝《つた》わっているんだけど、その血管《けっかん》の「ドクン!」のことを「脈拍《みゃくはく》」といいます。

では、1分間《ぶんかん》に何回《なんかい》「ドクン!」となるでしょう? その数《かず》を「脈拍数《みゃくはくすう》」といいます。だれでもかんたんにはかる方法《ほうほう》があるんだよ。

脈《みゃく》は、手首《てくび》ではかります。片方《かたほう》の手《て》を開《ひら》いて、ひとさし指《ゆび》からまっすぐ下《した》に線《せん》をのばしたところに、もう片方《かたほう》の手《て》のひとさし指《ゆび》、中指《なかゆび》、薬指《くすりゆび》の3本《ぼん》をあてます。脈《みゃく》がすぐに見《み》つからなくても、必《かなら》ずあるから、あせらなくて大丈夫《だいじょうぶ》。なるべく、静《しず》かな場所《ばしょ》でトライしたほうがわかりやすいよ。

見《み》つかったかな? 見《み》つかった人《ひと》は、時計《とけい》を見《み》ながら、1分間《ぶんかん》はかってみましょう。 ドクン、ドクン、ドクン……。

はい！　おつかれさまでした。

あなたの脈拍《みゃくはく》は、何回《なんかい》だったかな？↓

回《かい》

小学生《しょうがくせい》の脈拍数《みゃくはくすう》は、だいたい７０～１００回《かい》くらいといわれているよ。

さて、赤《あか》ちゃんの話《はなし》にもどりましょう。生《う》まれる前《まえ》の赤《あか》ちゃんは、お母《かあ》さんのおなかの中《なか》にいますよね。その赤《あか》ちゃんも、実《じつ》は、みんなと同《おな》じようにドクンドクンと脈《みゃく》を打《う》っているんです。

おなかの中《なか》の赤《あか》ちゃんのドクン、ドクンは、みんなよりはやいと思《おも》う？　それとも、おそいと思《おも》う？

☾**「なんとなく、はやい気《き》がする！」**

★**「ねむってるんだから、おそい……かな？」**

正解《せいかい》は、「はやい」です！　赤《あか》ちゃんの脈拍数《みゃくはくすう》は、だいたい１１０～１６０回《かい》くらい。

みんなはどんなときに、心臓《しんぞう》のドクン、ドクンがはやくなるかな？

★「**いっしょうけんめい走《はし》ったとき！**」

☽「**きんちょうしたとき！**」

うんうん、そうだね。がんばったとき、脈《みゃく》ははやくなります。赤《あか》ちゃんの脈《みゃく》は、なぜはやいのかな？　それは、みんなと同《おな》じように、赤《あか》ちゃんもがんばっているからなんです。いったい何《なに》を、がんばっているのでしょう？

★「**ねること！**」

☽「**大《おお》きくなること！**」

そう！　そのとおり。それは「生《い》きる」ために必要《ひつよう》なこと。赤《あか》ちゃんは「生《い》きる」ということ、ただそれだけを、がんばっている。そうやって生《う》まれてくる命《いのち》なんだね。

「おなかの中《なか》にいる赤《あか》ちゃんは、どこから、どうやって出《で》てくるのかな？」

女《おんな》の人《ひと》の体《からだ》には、「子宮《しきゅう》」という、赤《あか》ちゃんをおなかの中《なか》で育《そだ》てるのための特《とく》べつな袋《ふくろ》があります。生《う》まれる前《まえ》の赤《あか》ちゃんは、お母《かあ》さんの子宮《しきゅう》の中《なか》で、38～40週《しゅう》くらいかけて少《すこ》しずつ大《おお》きくなるんですよ。そして、「もう生《う》まれてもいいよー！」っていう大《おお》きさになると、子宮《しきゅう》がぎゅーっ、ぎゅーっとちぢんだり、ゆるんだりをくり返《かえ》して、赤《あか》ちゃんを足《あし》と足《あし》の間《あいだ》から外《そと》に押《お》しだします。

お母《かあ》さんのまたの間《あいだ》には、赤《あか》ちゃんの通《とお》り道《みち》があるのです。その通《とお》り道《みち》を、「膣《ちつ》」といいます。

赤《あか》ちゃんが膣《ちつ》から出《で》てくるのがむずかしい場合《ばあい》は、手術《しゅじゅつ》でお母《かあ》さんのおなかを切《き》って、赤《あか》ちゃんを外《そと》に取《と》りだします。それを「帝王切開《ていおうせっかい》」といいます。

どちらの方法《ほうほう》でも、出産《しゅっさん》は命《いのち》がけです。

おなかの中《なか》で大《おお》きくなる赤《あか》ちゃん

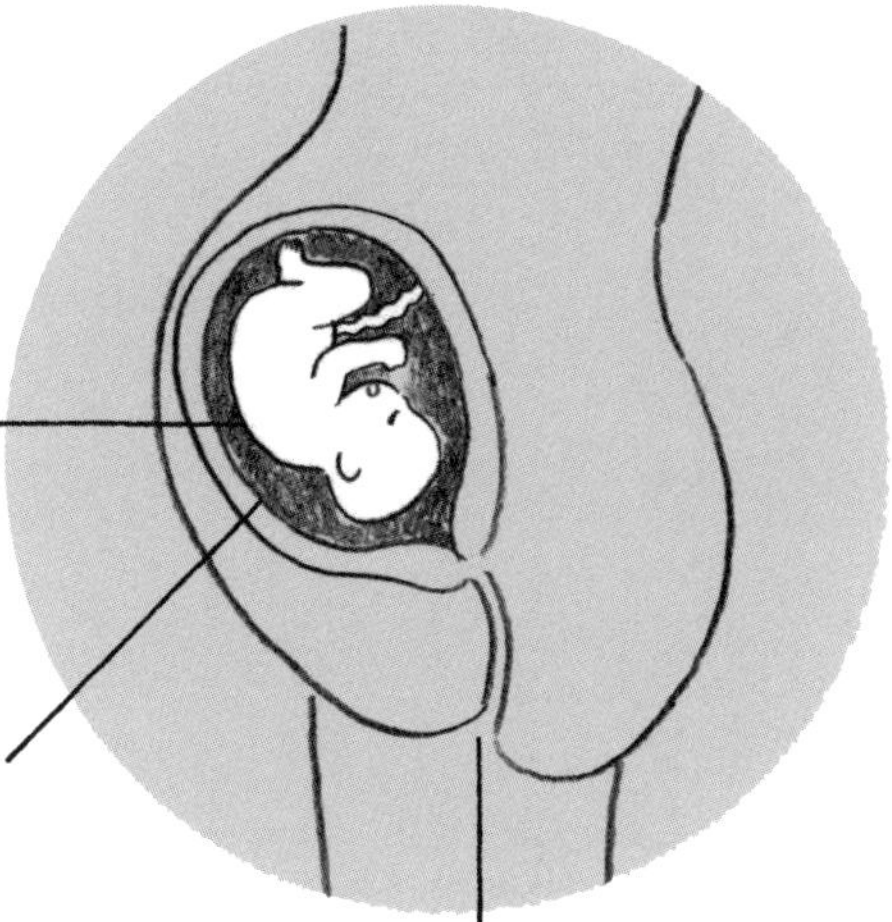

妊娠《にんしん》24週《しゅう》め（7か月《げつ》）くらい。
活発《かっぱつ》にうごいているよ！

子宮《しきゅう》

膣《ちつ》

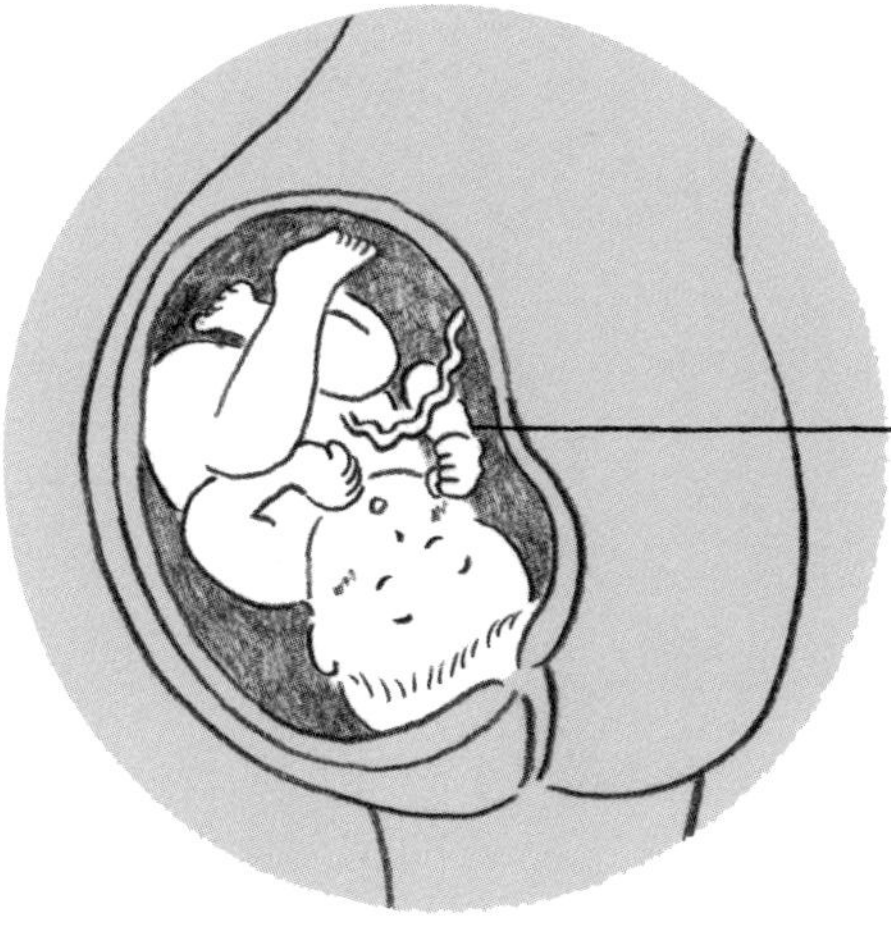

妊娠《にんしん》36週《しゅう》め（10か月《げつ》）くらい。
いよいよ生《う》まれるかな？

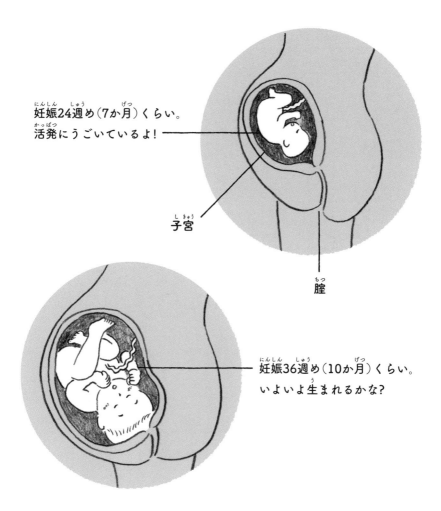

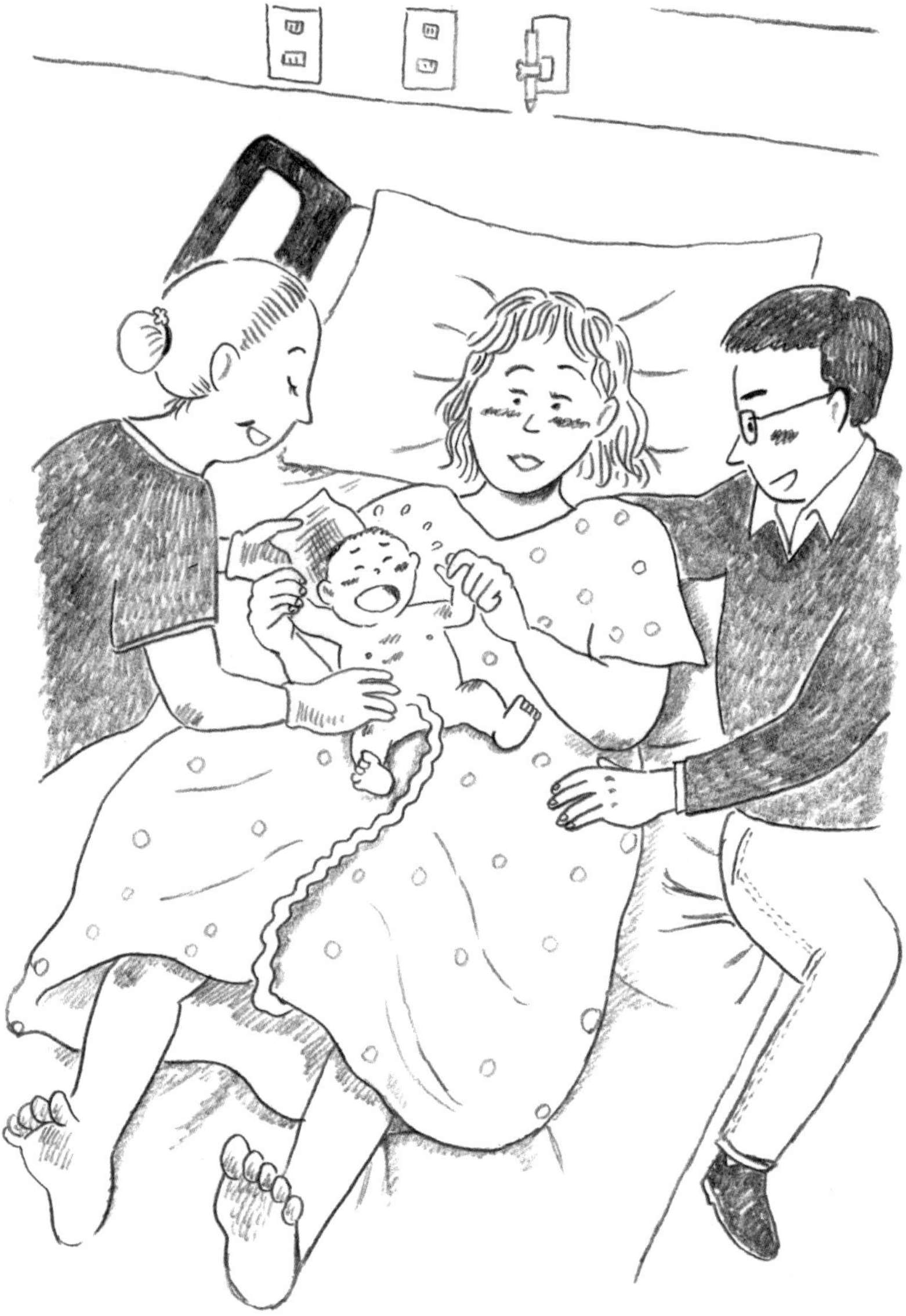

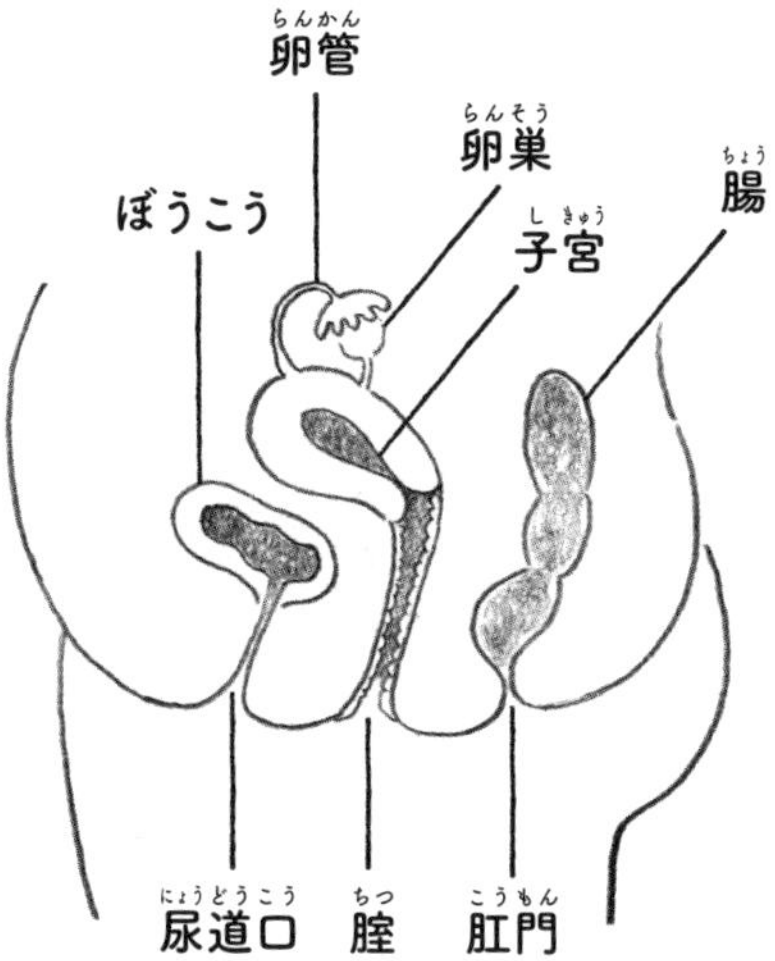

「膣《ちつ》」は、女《おんな》の人《ひと》だけにある穴《あな》です。そして、男《おとこ》の人《ひと》と女《おんな》の人《ひと》とでは、またの間《あいだ》にある穴《あな》の数《かず》がちがいます。

女《おんな》の人《ひと》は、前《まえ》に尿道口《にょうどうこう》（おしっこを出《だ》す穴《あな》）がひとつ。そして、後《うし》ろに、肛門《こうもん》（おしりの穴《あな》）がひとつ。そのふたつの穴《あな》の間《あいだ》に、赤《あか》ちゃんの生《う》まれる「膣《ちつ》」という通《とお》り道《みち》があります。

男《おとこ》の人《ひと》は、尿道口《にょうどうこう》がひとつ。そして肛門《こうもん》がひとつ。だけど、赤《あか》ちゃんの生《う》まれる穴《あな》はありません。

「男《おとこ》の人《ひと》の穴《あな》はふたつ、女《おんな》の人《ひと》の穴《あな》はみっつなんだ！」

そう、その通《とお》り！　ちなみに、これらの穴《あな》は、ふだんはぴったり閉《と》じていて、必要《ひつよう》なときだけ開《ひら》くようになっています。

赤《あか》ちゃんが出《で》てくるところは、とても大切《たいせつ》な場所《ばしょ》ですね。

だから、みんな、ふだんはパンツをはいて守《まも》っていますよね。

「あれ？　じゃあ、どうして男《おとこ》の人《ひと》もパンツをはいているの？」

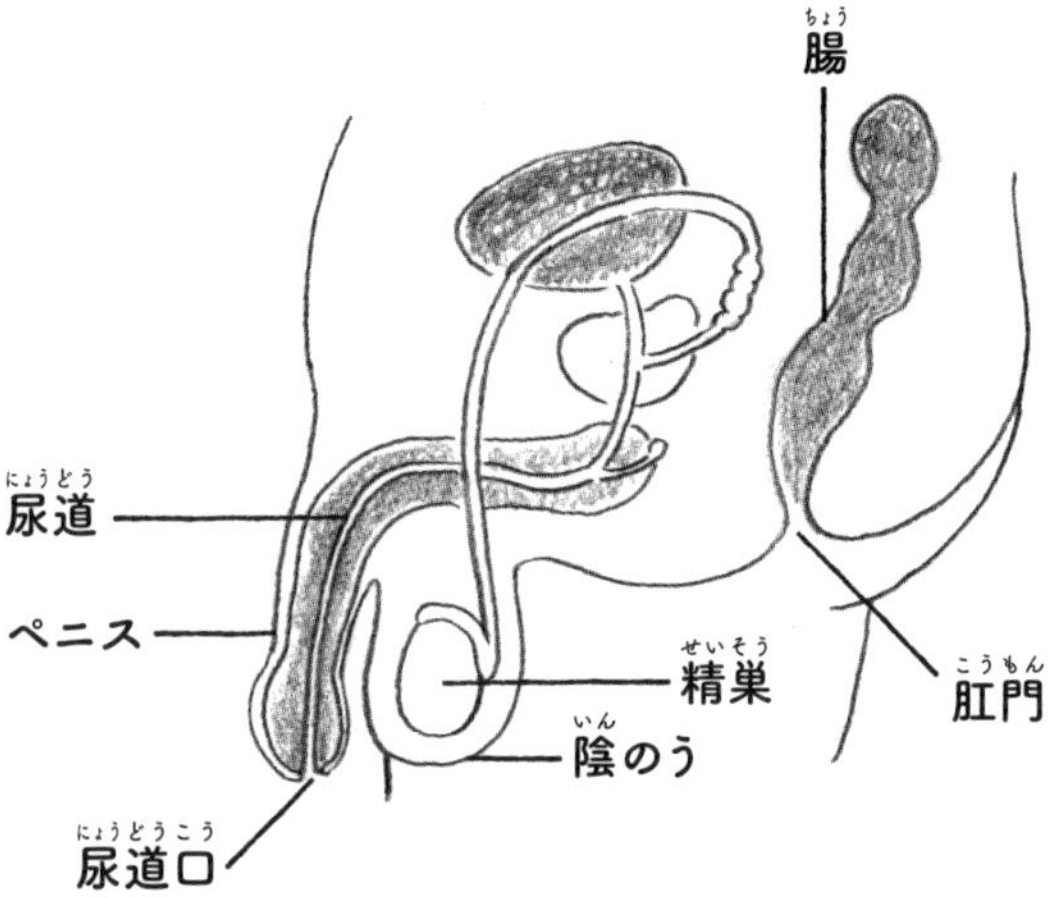

★「あっ！　プライベートゾーンだからだね」

そう、女《おんな》の人《ひと》だけじゃなくて男《おとこ》の人《ひと》も、大切《たいせつ》なものがあるんです。さて、それはなにかな？

★「ちんちんのこと？　きんたま？」

はい、正解《せいかい》！　男《おとこ》の人《ひと》のまたの間《あいだ》には、「ペニス」と「陰《いん》のう」がついています。ペニスは「おちんちん」のこと。ちなみに男《おとこ》の人《ひと》のおしっこは、おちんちんの先《さき》にある尿道《にょうどう》口《こう》から出《で》てきます。

陰《いん》のうには「精巣《せいそう》」が入《はい》っています。精巣《せいそう》は、「きんたま」のこと。きんたまは、「金《きん》のように大切《たいせつ》な玉《たま》」だから、きんたまというんだよ。でも、これは科学《かがく》のお話《はなし》だから、ここでは「ペニス」と「精巣《せいそう》」と呼《よ》んでいきます。

★☽「う〜ん、なるほど〜！」

MISSION!

自分の性器《せいき》を見《み》てみよう

性器《せいき》はとてもプライベートな場所《ばしょ》だから、人《ひと》のいないお部屋《へや》やお風《ふ》呂《ろ》の中《なか》で、ひとりで見《み》てみてね。

女の子《おんなのこ》は、ハンドミラーなどを使《つか》って、膣《ちつ》のあたりを見《み》てみよう。びっくりマークの長《なが》い線《せん》をそーっと開《ひら》いてみると……その中《なか》におしっこの穴《あな》と膣《ちつ》があるよ。

男の子《おとこのこ》は、自分《じぶん》の陰《いん》のうを、はだの上《うえ》からやさしくさわってみよう。中《なか》に、ボールのような精巣《せいそう》がふたつ入《はい》っているのがわかるかな?

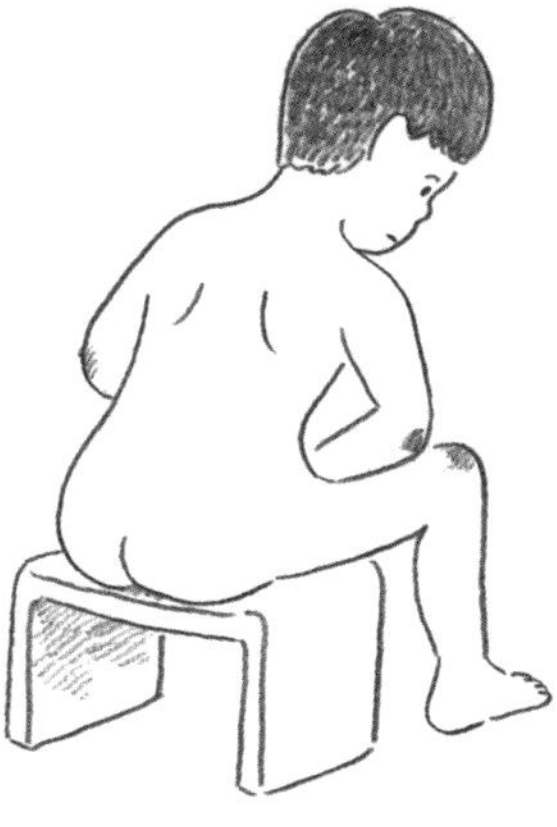

あらためて、自分《じぶん》の体《からだ》にとっても大切《たいせつ》なものがついていることがわかるよね。お風呂《ふろ》ではきれいに洗《あら》って、いつも清潔《せいけつ》にしておこうね（洗《あら》い方《かた》はP.44へ）。

「赤《あか》ちゃんは、どうやってお母《かあ》さんのおなかの中《なか》に入《はい》ったのかな？」

どうすると赤《あか》ちゃんができると思《おも》う？

★「キス！」

☽「結婚《けっこん》！」

★「手術《しゅじゅつ》で！」

☽「コウノトリが連《つ》れてきて」

たくさん出《で》てくるね。でも、赤《あか》ちゃんのもとはどうやってお母《かあ》さんのおなかに入《はい》ったのかな？

★「お父《とう》さんの血《ち》をとって、お母《かあ》さんにその血《ち》を入《い》れる？」

★「……セックス！」

そう、正解《せいかい》です！　よく知《し》ってたね。セックスのことを「性交《せいこう》」ともいうよ。セックスってなに？ 性交《せいこう》ってなに？ という人《ひと》も、大丈夫《だいじょうぶ》。いまから、説明《せつめい》していくね。

男《おとこ》の人《ひと》は、体《からだ》の中《なか》に、赤《あか》ちゃんの「もと」を半分持《はんぶんも》っています。これを「精子《せいし》」といいます。そう、さっき出《で》てきた「精巣《せいそう》」で作《つく》られる精子《せいし》です。オタマジャクシのようなかたちをしていて、長《なが》さはかみの毛《け》1本《ぽん》の太《ふと》さくらい。すごく小《ちい》さいね。

女《おんな》の人《ひと》も、体《からだ》の中《なか》に赤《あか》ちゃんのもとを半分持《はんぶんも》っています。これを「卵子《らんし》」といいます。かみの毛《け》を3本束《ぼんたば》ねたくらいの大《おお》きさで、丸《まる》いかたちをしています。

赤《あか》ちゃんの誕生《たんじょう》には、必《かなら》ず精子《せいし》と卵子《らんし》の両方《りょうほう》が関係《かんけい》しているんです。

赤《あか》ちゃんが出《で》てくる「膣《ちつ》」は、実《じつ》は、男《おとこ》の人《ひと》が持《も》っている赤《あか》ちゃんのもと、つまり精子《せいし》の入《い》り口《ぐち》でもあります。男《おとこ》の人《ひと》はペニスを使《つか》って、女《おんな》の人《ひと》の膣《ちつ》の中《なか》に赤《あか》ちゃんのもとの半《はん》分《ぶん》を届《とど》けます。この行為《こうい》を「性交《せいこう》」といいます。精子《せいし》が卵子《らんし》といっしょになると、小《ちい》さな赤《あか》ちゃんのもと（受精卵《じゅせいらん》）になります。

動物《どうぶつ》が子孫《しそん》を残《のこ》すための行動《こうどう》を「交尾《こうび》」といいますが、人間《にんげん》だけには交尾《こうび》という言葉《ことば》を使《つか》いません。人間《にんげん》だけに与《あた》えられた特《とく》べつな言葉《ことば》が「性交《せいこう》」です。

「う〜ん、なるほど〜！」

男《おとこ》の人《ひと》と女《おんな》の人《ひと》が性交《せいこう》をすると、赤《あか》ちゃんができる可能性《かのうせい》があるってことはわかったかな？　これは、大《おお》きな責任《せきにん》をともなうことだから、子《こ》どもがすることではありません。

性交《せいこう》は、大人《おとな》がふたりで、その責任《せきにん》をわかり合《あ》ったうえで、おたがいに求《もと》め合《あ》ってするものです。

性交《せいこう》は、赤《あか》ちゃんをつくるためだけではなく、心《こころ》と心《こころ》のふれあいや、コミュニケーションの手段《しゅだん》としてするときもあります。そういうときは、赤《あか》ちゃんが生《う》まれないために、道《どう》具《ぐ》を使《つか》って、精子《せいし》と卵子《らんし》が出会《であ》わないようにします。それを「避妊《ひにん》」といいます。

また、「性感染症《せいかんせんしょう》」といって、性交《せいこう》をすることによって人《ひと》から人《ひと》へうつる病気《びょうき》があります。避妊《ひにん》のための道具《どうぐ》は、これを防《ふせ》ぐのにも役立《やくだ》つんですよ。

さぁ、ここまで、3つの科学《かがく》を学《まな》びました。3つのギモンに答《こた》えられるかな？

1　生《う》まれる前《まえ》の赤《あか》ちゃんは、おなかの中《なか》で何《なに》をしているのかな？

2 おなかの中《なか》にいる赤《あか》ちゃんは、どこから、どうやって出《で》てくるのかな？

3 赤《あか》ちゃんは、どうやってお母《かあ》さんのおなかの中《なか》に入《はい》ったのかな？

みんなも、むかしは赤《あか》ちゃんだったよね。こうやって生《う》まれてきたんだよ。

MISSION!

生《う》まれたときのことをリサーチしてみよう

お母《かあ》さんやお父《とう》さん、育《そだ》ててくれた人《ひと》、まわりの人《ひと》、だれでも大丈《だいじょう》夫《ぶ》です。あなた自身《じしん》のことでなくても、子《こ》どもをうんだことのある大人《おとな》に聞《き》いてみてもいいよ。

- 妊娠中《にんしんちゅう》はどんな気持《きも》ちだった？
- うむときはどんな気持《きも》ちだった？
- 生《う》まれたときの天気《てんき》は？
- 立《た》ち会《あ》った人《ひと》は？
- 初《はじ》めて赤《あか》ちゃんを見《み》たとき、どう思《おも》った？
- まわりの人《ひと》から、どんな言葉《ことば》をかけられた？

……などなど、インタビューしてみよう！

どうだったかな？

あなたの知《し》らないエピソードもあったかな？

印象《いんしょう》に残《のこ》ったエピソードがあれば、ノートに書《か》いておこう。

note

COLUMN

いでんってなに？

「卵子《らんし》」と「精子《せいし》」には、「遺伝情報《いでんじょうほう》」がつまっています。

「イデンジョウホウ？」

ちょっとむずかしいかもしれないね。でも、とっても大切《たいせつ》なことなんです。

親《おや》から子《こ》どもへ受《う》けつがれる情報《じょうほう》のことを、「遺伝情報《いでんじょうほう》」といいます。

動物《どうぶつ》は、メスから生《う》まれてくるのにオスにも似《に》ているところがあるよね。それは子《こ》どもがオスの遺伝情報《いでんじょうほう》もしっかり受《う》けついでいるからなのです。

遺伝情報《いでんじょうほう》とは、「遺伝子《いでんし》」に書《か》かれている情報《じょうほう》のこと。

遺伝子《いでんし》というのは、人間《にんげん》の体《からだ》をつくる設計図《せっけいず》のようなものです。

卵子《らんし》と精子《せいし》から、半分《はんぶん》ずつ遺伝子《いでんし》をもらって、その組《く》み合《あ》わせによって、その人《ひと》の「個性《こせい》」ができあがります。

遺伝子《いでんし》の組《く》み合《あ》わせは無限《むげん》にあるので、同《おな》じ両親《りょうしん》から生《う》まれた兄弟《きょうだい》でも、「個性《こせい》」はぜんぜんちがうよね。

COLUMN

性器《せいき》の洗《あら》いかた？

手《て》や口《くち》と同《おな》じように、性器《せいき》は体《からだ》の大事《だいじ》なところだね。汚《よご》れがたまりやすいところでもあるので、洗《あら》い方《かた》をしっかり身《み》につけましょう!

★男《おとこ》の子《こ》

1 ペニスの先《さき》は「亀頭《きとう》」というよ。そこはおしっこが残《のこ》りやすいので、あわだてた石《せっ》けんを使《つか》って手《て》でやさしく洗《あら》い、シャワーで流《なが》しましょう。

2 亀頭《きとう》とそれを包《つつ》む皮《かわ》との間《あいだ》に汚《よご》れがたまりやすいので、毎日《まいにち》お風呂《ふろ》に入《はい》るたび、皮《かわ》をそっと下《した》におろすようにむいて、洗《あら》ってね。洗《あら》ったあとは、むいた皮《かわ》をもとにもどせばOK!

3 陰《いん》のうも、あわでやさしく洗《あら》ってね。

女《おんな》の子《こ》

1 あわだてた石《せっ》けんを使《つか》って、まずは性器《せいき》の外側《そとがわ》から洗《あら》いましょう。

2 つづいて、膣《ちつ》とおしっこの穴《あな》（尿道口《にょうどうこう》）のまわりを洗《あら》います。ヒダになっているところは汚《よご》れがたまりやすいので、指《ゆび》を使《つか》ってやさしくていねいに洗《あら》おうね。後《うし》ろから前《まえ》にむかって洗《あら》うと、うんちの菌《きん》が膣《ちつ》や尿道口《にょうどうこう》に入《はい》ってしまうことがあるので、必《かなら》ず「前《まえ》から後《うし》ろ」に洗《あら》おうね。

3 ただし、膣《ちつ》の中《なか》まで指《ゆび》を入《い》れて、ゴシゴシ洗《あら》うのはNG! 洗《あら》いすぎて、体《からだ》に必要《ひつよう》な「よい菌《きん》」まで流《なが》してしまうと、かゆくなったり、いたくなったりすることがあります。

ふつうのボディソープや石《せっ》けんが、しみていたい……という人《ひと》もいるかな? 膣《ちつ》の中《なか》は「酸性《さんせい》」なのに対《たい》して、一般的《いっぱんてき》な石《せっ》けんは「アルカリ性《せい》」だから。そんなときは、しげきの少《すく》ないデリケートゾーン専用石《せんようせっ》けんを使《つか》ってみてね。いろんな種類《しゅるい》の商品《しょうひん》が、ドラッグストアなどで手《て》に入《はい》ります。

Q & A
おしえて! サッコ先生

Q 生《う》まれてくるのに、38週《しゅう》かかるのはなぜ?

A

38週《しゅう》は長《なが》いと思《おも》う? それとも短《みじか》い? たとえばゾウは2年近《ねんちか》く（22か月《げつ》）お母《かあ》さんのおなかの中《なか》にいます。生《う》まれてすぐに動《うご》きまわれる動物《どうぶつ》って多《おお》いですよね。人間《にんげん》はどう? 生《う》まれてすぐにひとりで立《た》ち上《あ》がったり、自分《じぶん》で食《た》べたり飲《の》んだりができませんね。人間《にんげん》の祖先《そせん》であるサルは四《よ》つ足《あし》で歩《ある》きますが、人間《にんげん》は立《た》って二足《にそく》で歩《ある》くという進化《しんか》をとげました。その分《ぶん》、骨《こつ》ばんのかたちが変《か》わったので、生《う》まれてすぐに自分《じぶん》で立《た》ち上《あ》がれるところまではおなかの中《なか》で育《そだ》てられなくなったんです。でも、赤《あか》ちゃんが自分《じぶん》で動《うご》けなくても、まわりの人《ひと》たちが助《たす》け合《あ》って子《こ》どもを育《そだ》てる社会《しゃかい》ができました。そんな過程《かてい》で、お母《かあ》さんにとって「これ以上《いじょう》大《おお》きくなるとうむのが大変《たいへん》!」というギリギリせいいっぱいが約《やく》38～40週《しゅう》（9～10か月《げつ》）なのです。人間《にんげん》は、おたがいに頼《たよ》りあっていいんですね。

Q 赤《あか》ちゃんは、お母《かあ》さんのおなかの中《なか》でどうやって呼吸《こきゅう》しているの?

A

赤《あか》ちゃんは、お母《かあ》さんのおなかにある子宮《しきゅう》という部《へ》屋《や》で、羊水《ようすい》という水《みず》の中《なか》にいます。お風呂《ふろ》の湯船《ゆぶね》にもぐっているような状態《じょうたい》です。

みんなはお風呂《ふろ》にもぐるのは好《す》き? 何秒間《なんびょうかん》もぐれるかチャレンジしたことはある?

湯船《ゆぶね》のお湯《ゆ》の中《なか》では、口《くち》から空気《くうき》を吸《す》うことはできませんね。でも、おなかの中《なか》の赤《あか》ちゃんは口《くち》から空気《くうき》を吸《す》わなくても、お母《かあ》さんから酸素《さんそ》や栄養《えいよう》を受《う》けとることができます。

酸素《さんそ》や栄養《えいよう》を赤《あか》ちゃんに運《はこ》んでくれる通《とお》り道《みち》がへそのおです。へそのおの中《なか》には3本《ぼん》の血管《けっかん》が通《とお》っていて、お母《かあ》さんから酸素《さんそ》をもらい、また、お母《かあ》さんに二《に》酸化炭素《さんかたんそ》を返《かえ》して、血液《けつえき》をきれいにしてもらっています。

だから、おなかの中《なか》の赤《あか》ちゃんは、みんなみたいに口《くち》や肺《はい》を使《つか》う「呼吸《こきゅう》」はしていないんですよ。

へそのおってすごい!

Q

赤《あか》ちゃんは、いつお乳《ちち》を飲《の》む練習《れんしゅう》をするの?

A

赤《あか》ちゃんは生《う》まれてすぐ、お乳《ちち》を飲《の》むようになるね。お母《かあ》さんのおなかの中《なか》でも、自分《じぶん》のおや指《ゆび》をちゅうちゅう吸《す》いながら、お乳《ちち》を飲《の》む練習《れんしゅう》をしているんですよ。実《じつ》は、「吸《きゅう》てつ反射《はんしゃ》」と言《い》って、赤《あか》ちゃんは口《くち》の近《ちか》くに何《なに》かがふれると、自然《しぜん》にちゅうちゅう吸《す》いつくような動《うご》きをします。

みんなは梅《うめ》ぼしを見《み》ると口《くち》の中《なか》につばが出《で》るかな? それと同《おな》じように、頭《あたま》で考《かんが》えなくても、体《からだ》が勝手《かって》に反応《はんのう》することを「反射《はんしゃ》」と言《い》います。

ためしにみんなの手《て》を清潔《せいけつ》に洗《あら》って、赤《あか》ちゃんの口《くち》の近《ちか》くをつんつんすると、自動的《じどうてき》に吸《す》いついてこようとしますよ。同《おな》じように、「にぎり反射《はんしゃ》」というのもあって、赤《あか》ちゃんの手《て》のひらにみんなの指《ゆび》などがふれると、ぎゅーっとにぎりしめてくれますよ。

赤《あか》ちゃんがいたら、そばにいる大人《おとな》に許可《きょか》をもらって、手《て》をよく洗《あら》ってから、ためしてみてね。

Q ふたごは、どうやってふたごになるの？

A

双子《ふたご》のことを「双生児《そうせいじ》」といって、一卵性双生児《いちらんせいそうせいじ》と二《に》卵性双生児《らんせいそうせいじ》にわけられます。

一卵性双生児《いちらんせいそうせいじ》は、赤《あか》ちゃんのもとである精子《せいし》と卵子《らんし》がくっついた「受精卵《じゅせいらん》」が、なにかの影響《えいきょう》で完全《かんぜん》にまっぷたつにわかれて、それぞれが育《そだ》ち、双子《ふたご》が生《う》まれてきます。2つにわかれる理由《りゆう》はわかっていません。

二卵性双生児《にらんせいそうせいじ》は、子宮《しきゅう》の中《なか》に、受精卵《じゅせいらん》が2つ同時《どうじ》にたどりついたときに、それぞれが育《そだ》ち、双子《ふたご》が生《う》まれてきます。たまたま卵子《らんし》が2つ排卵《はいらん》されてどちらも受《じゅ》精卵《せいらん》になったり、体外受精《たいがいじゅせい》という方法《ほうほう》で2つの卵《らん》が育《そだ》つと、双子《ふたご》として生《う》まれます。

どちらの双子《ふたご》も途中《とちゅう》で1人《ひとり》だけ、おなかの中《なか》でなくなってしまうことがあります。三《み》つ子《ご》以上《いじょう》も同《おな》じ。

人間《にんげん》は基本的《きほんてき》に1人《ひとり》の赤《あか》ちゃんを妊娠《にんしん》するようにできているので、もしかしたら双子以上《ふたごいじょう》をうんだお母《かあ》さんは、2倍以上《ばいいじょう》がんばったのかもしれませんね。

Part 3

思春期《ししゅんき》の体《からだ》の変化《へんか》

思春期《ししゅんき》ってなんだろう？

だいたい8、9才《さい》ごろからはじまる、子《こ》どもから大人《おとな》へと心《こころ》と体《からだ》が成長《せいちょう》していく時期《じき》を、「思春期《ししゅんき》」といいます。

みんなはさいきん、なにか自分《じぶん》の体《からだ》に変化《へんか》を感《かん》じていることはあるかな？

「ぼくはさいきん、急《きゅう》に背《せ》がのびてきた！」

「わたしも！　あとね、少《すこ》しずつむねがふくらんできた気《き》がする。ときどき、むねの先《さき》がチクリといたくなることもあるよ」

うんうん。これはすべて思春期《ししゅんき》に起《お》こる、自然《しぜん》な体《からだ》の変化《へんか》です。

だから、心配《しんぱい》ご無用《むよう》！　脳《のう》にあるホルモンのスイッチが入《はい》って、みんなの精巣《せいそう》、卵巣《らんそう》が働《はたら》きはじめるからなんだよ。

「うーん。大人《おとな》に近《ちか》づくのは、心配《しんぱい》じゃないんだけど、なんだかてれくさくて」

「なんとなくうれしい気持《きも》ちはあるけど、まわりの友《とも》だちに気《き》づかれるのは、はずかしくていやだな」

そうだね。はずかしいと思《おも》うことは、おかしいことではありません。なぜなら、体《からだ》の変化《へんか》は、プライベートなあなただけのもの。だから、はずかしいと感《かん》じるその気持《きも》ちも、成長《せいちょう》のしるしなのですよ。

さて、それでは、科学的《かがくてき》にしっかりと説明《せつめい》していきますよ。

男《おとこ》の子《こ》の体《からだ》の変化《へんか》

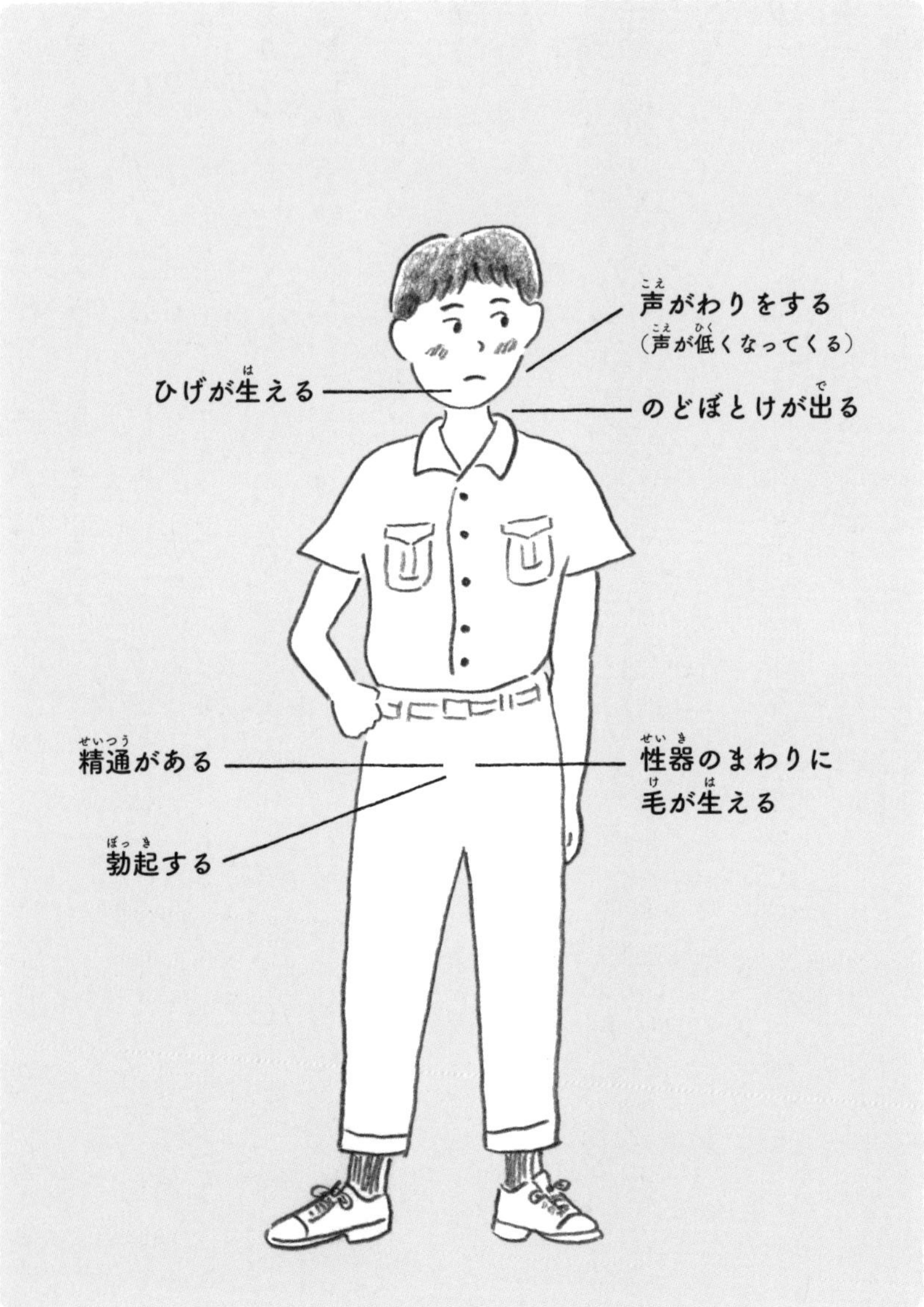

勃起《ぼっき》とは、ペニスがかたく、大《おお》きくなること。これは、ペニスに体《からだ》の血液《けつえき》が集《あつ》まることで起《お》きる状態《じょうたい》です。

なんとなくさわっていたら勃起《ぼっき》することもあるし、朝起《あさお》きたら勃起《ぼっき》していることもあるよ。好《す》きな人《ひと》のことを考《かんが》えていたら勃起《ぼっき》することもあります。授業中《じゅぎょうちゅう》に勃起《ぼっき》することもあります。実《じつ》は男《おとこ》の子《こ》は、お母《かあ》さんのおなかの中《なか》にいる赤《あか》ちゃんのときから、勃起《ぼっき》の練《れん》習《しゅう》をしているんだよ。

★☽**「う〜ん、なるほど〜!!」**

精通《せいつう》というのは、初《はじ》めての射精《しゃせい》のこと。射精《しゃせい》とは、勃起《ぼっき》した状態《じょうたい》のペニスの先《さき》の穴《あな》（尿《にょう》道口《どうこう》）から、精液《せいえき》が出《で》ることです。精液《せいえき》は、精子《せいし》が混《ま》ざった液体《えきたい》で、白《しろ》くにごっていて、とろりとしています。

☽**「えっ、おしっこが出《で》てくる穴《あな》からそんなのが出《で》てくるの!?」**

★**「それっておしっこと混《ま》ざらないの!?」**

精子《せいし》とおしっこが混《ま》ざることはありません。

ここで、ちょっとだけ、おしっこのしくみについて説明《せつめい》するよ。

おしっこをつくっているのは、「じん臓《ぞう》」という器官《きかん》です。P.6の図《ず》を見《み》て、場所《ばしょ》をたしかめてみよう。じん臓《ぞう》は、体《からだ》の血液《けつえき》の中《なか》のいらないものを取《と》りのぞく働《はたら》きをしています。血液《けつえき》をきれいにして、また全身《ぜんしん》へもどす。そうやって、体《からだ》の健康《けんこう》を保《たも》っているんですね。

じん臓《ぞう》で取《と》りのぞかれたものや、余分《よぶん》な水《みず》は、「ぼうこう」にためられます。それがおしっこです。おしっこがたまったら、みんなトイレに行《い》って、尿道《にょうどう》という通《とお》り道《みち》から、体《からだ》の外《そと》に出《だ》すよね。

ふだんは、ぼうこうから尿道《にょうどう》への出口《でぐち》が閉《と》じられていて、おしっこが勝手《かって》に出《で》てこないようになっています。

男《おとこ》の人《ひと》は、射精《しゃせい》をするときに、精液《せいえき》をおしっこと同《おな》じ尿道《にょうどう》から体《からだ》の外《そと》に送《おく》りだします。でも、このときにも、ぼうこうの出口《でぐち》は閉《し》まっているので、おしっこと混《ま》ざることはないんだよ。

ちなみに1回《かい》の射精《しゃせい》によって出《で》てくる精液《せいえき》には、なんと数千万《すうせんまん》こから2、3億《おく》この精子《せいし》がふくまれています。

「う〜ん、なるほど〜！！！」

夜《よる》、ねているあいだに、しらずしらず射精《しゃせい》をしていることもあり、それを「夢精《むせい》」といいます。精通《せいつう》が夢精《むせい》だった、という人《ひと》もいるよ。もちろん、病気《びょうき》ではないから心配《しんぱい》しなくて大丈夫《だいじょうぶ》だよ。

「ねているあいだに勝手《かって》に出《で》てたら、びっくりしちゃう。どうしたらいいの？」

朝起《あさお》きて、もしパンツに精液《せいえき》がついていたら、軽《かる》く水《みず》で洗《あら》ってから、洗《せん》たくに出《だ》せばOK。大人《おとな》に絶対《ぜったい》に報告《ほうこく》しなきゃいけないことでもないし、かくすことでもありません。

「う〜ん、なるほど〜！！！」

ペニスのかたちや大《おお》きさは、ひとりひとりちがいます。精通《せいつう》の時期《じき》も、人《ひと》それぞれ。だから、友《とも》だちとくらべて、気《き》にすることはひとつもありません。

ふだん、自分《じぶん》のペニスは上《うえ》から見《み》ることが多《おお》いよね。そうすると他《ほか》の人《ひと》より小《ちい》さく見《み》えるのは当然《とうぜん》のこと！

MISSION!

男《おとこ》の子《こ》

インタビューしてみよう

まわりの大人《おとな》の男《おとこ》の人《ひと》に、この本《ほん》を持《も》って、インタビューしてみよう。お父《とう》さんや、親《しん》せきのお兄《にい》さん、友《とも》だちのお兄《にい》ちゃんなど、思《おも》い浮《う》かぶかな?

あなたの話《はなし》をいつもよく聞《き》いてくれて、あなたが話《はなし》を聞《き》きやすいなと思《おも》う人《ひと》に、その人《ひと》の精通《せいつう》のエピソードを聞《き》いてみてね。

- 精通《せいつう》のときのこと、覚《おぼ》えてる?
- どんな気持《きも》ちだった?
- 家族《かぞく》には話《はな》した?
- 家族《かぞく》とどんな会話《かいわ》をした?
- 友《とも》だちと、そのことについて話《はな》したことはある?

あなたが不安《ふあん》に思《おも》っていることも、話《はな》してみると、
心《こころ》が軽《かる》くなるかもしれないよ。

note

むくときは、ぎゅっとつかまず、やさしくさわってゆっくりむこう。どうしてもむけなかったり、亀頭《きとう》が赤《あか》くなったり、はれたり、いたかったり……をくりかえす場合《ばあい》は、ガマンをせず、まわりの大人《おとな》に相談《そうだん》して、「泌尿器科《ひにょうきか》」を受診《じゅしん》しましょう。

顔《かお》や体《からだ》のかたちがみんなちがうのと同《おな》じで、ペニスのかたちも大《おお》きさもさまざまです。
だから、友《とも》だちとくらべて気《き》にすることはありません。

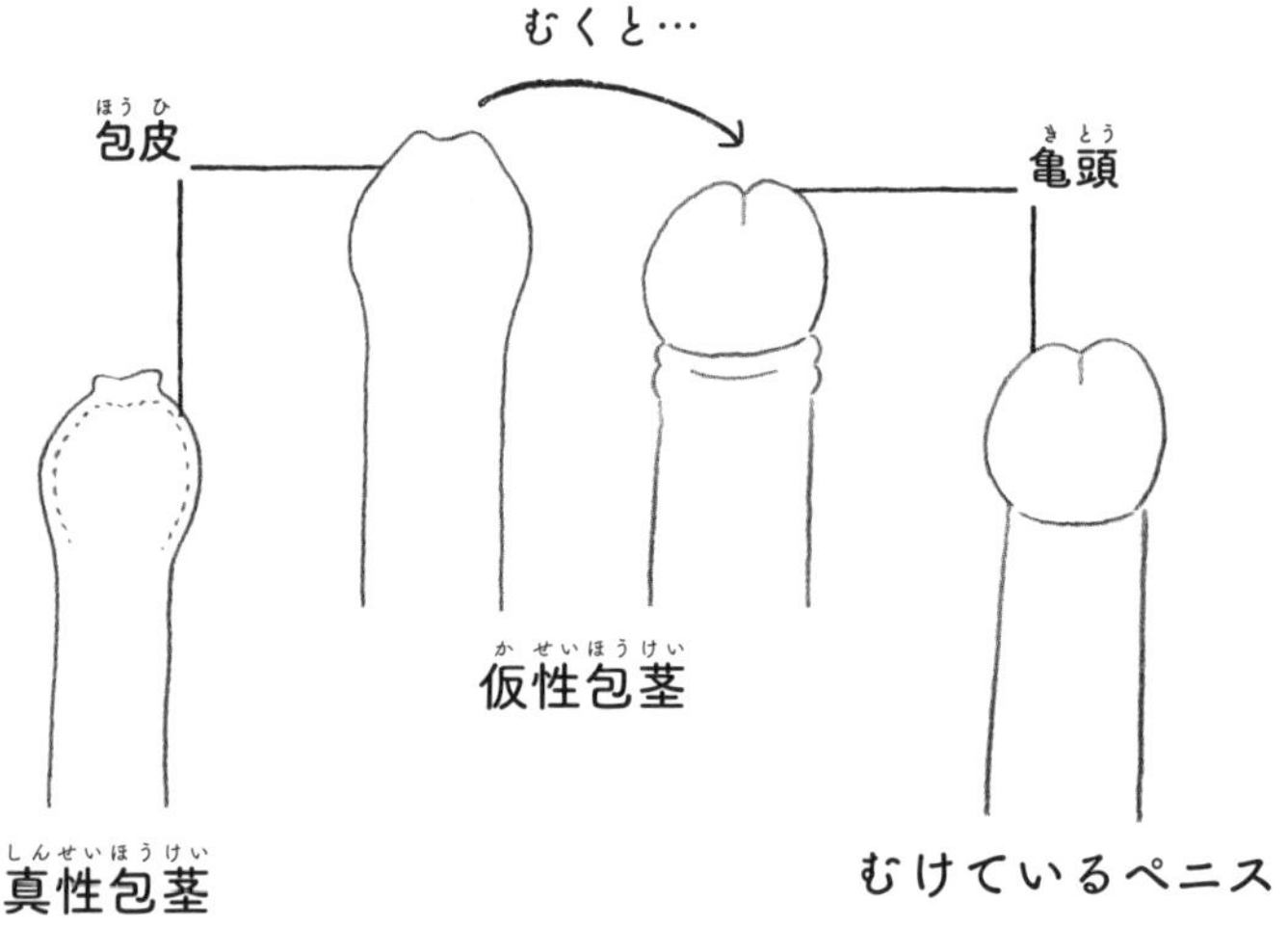

男《おとこ》の子《こ》

＼ MISSION! ／
確認《かくにん》しよう

お風呂《ふろ》に入《はい》ったときに、自分《じぶん》のペニスの状態《じょうたい》を確認《かくにん》してみよう。包茎《ほうけい》の場合《ばあい》には、自分《じぶん》でむいて洗《あら》ってみよう。（くわしい洗《あら》い方《かた》はP.44へ）

COLUMN

包《ほう》茎《けい》ってなに？

みんなは、「包茎《ほうけい》」って聞《き》いたことがありますか?
生《う》まれたばかりの男《おとこ》の子《こ》のペニスは、「包皮《ほうひ》」という皮《かわ》で先《さき》っぽまで包《つつ》まれています。この状態《じょうたい》を「包茎《ほうけい》」というよ。その包皮《ほうひ》を、自分《じぶん》の手《て》で体《からだ》の方向《ほうこう》にずらして「むく」と、亀頭《きとう》があらわれます。

ふだんは亀頭《きとう》がかくれていても、むけば出《で》てくる状態《じょうたい》を「仮性包茎《かせいほうけい》」といいます。これは病気《びょうき》ではないので、そのままでなんの心配《しんぱい》もいりません。大人《おとな》の男《おとこ》の人《ひと》でも、10人《にん》のうち7人《にん》は仮性包茎《かせいほうけい》だといわれているんだよ。
ただ、仮性包茎《かせいほうけい》の場合《ばあい》は、包皮《ほうひ》と亀頭《きとう》の間《あいだ》に汚《よご》れがたまりやすいので、毎日《まいにち》お風呂《ふろ》でそっとむいて、洗《あら》いましょう。毎日むくことにトライしていれば、だんだんと亀頭《きとう》が出《で》るようになってくるよ。

ふだんから皮《かわ》をかぶっておらず、亀頭《きとう》が出《で》ている状態《じょうたい》は「むけているペニス(包茎《ほうけい》ではないペニス)」です。

包皮《ほうひ》をずらそうとしても、まったくむけない状態《じょうたい》を「真性包茎《しんせいほうけい》」といいます。真性包茎《しんせいほうけい》は、そのままにしていると分泌物《ぶんぴぶつ》や菌《きん》がたまって、清潔《せいけつ》な状態《じょうたい》をたもてないので、なるべくむけるように、毎日少《まいにちすこ》しずつむく練習《れんしゅう》をします。

女《おんな》の子《こ》の体《からだ》の変化《へんか》

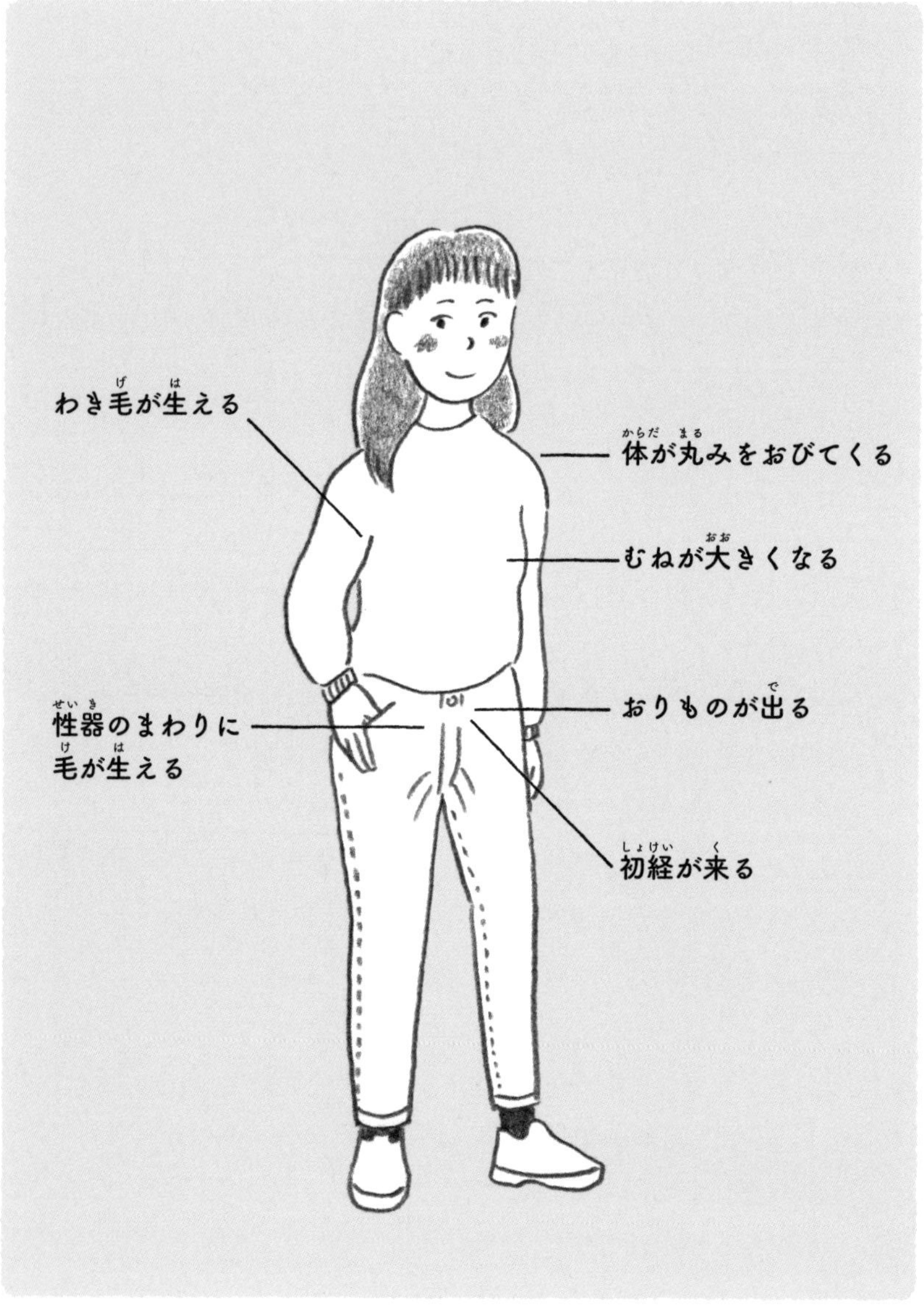

「おりもの」とは、腟《ちつ》を通《とお》って出《で》てくる液体《えきたい》のこと。白《しろ》っぽかったり、黄色《きいろ》っぽかったり、ベタベタしていたりするよ。「初経《しょけい》」とは、初《はじ》めての「月経《げっけい》（生理《せいり》）」があることです。

では、月経《げっけい》とはなんでしょう？

月経《げっけい》は、だいたい月《つき》に一度《いちど》、3～7日《にち》ほどの期間《きかん》、腟《ちつ》から血液《けつえき》が出《で》てくることです。この血液《けつえき》のことを「経血《けいけつ》」といいます。

「血《ち》が出《で》るってことは、きずができてるの？　いたいのかなあ」

「お風呂《ふろ》でお母《かあ》さんのまたから血《ち》が出《で》てるのを見《み》たことあるよ。血《ち》が出《で》てるよ、って教《おし》えてあげたけど、大丈夫《だいじょうぶ》だったのかなあ」

心配《しんぱい》しなくて大丈夫《だいじょうぶ》。月経《げっけい》のしくみを説明《せつめい》しましょう。

さて、みんなは覚《おぼ》えているかな？　卵子《らんし》は女《おんな》の人《ひと》が持《も》っている赤《あか》ちゃんのもとの半分《はんぶん》、精子《せいし》は男《おとこ》の人《ひと》が持《も》っている赤《あか》ちゃんのもとの半分《はんぶん》ですね。

「うん！　半分《はんぶん》ずつなんだよね」

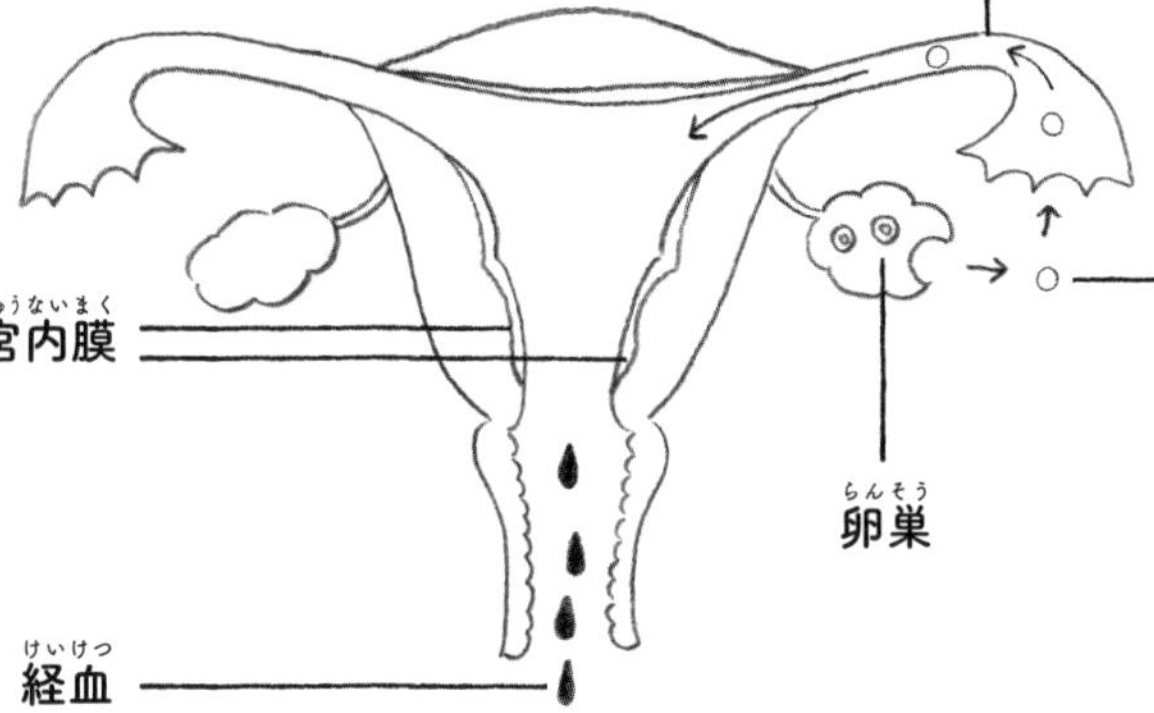

月経《げっけい》のしくみ

⓿ 月経《げっけい》のスタートは、脳《のう》が合図《あいず》を出《だ》しています。脳《のう》からホルモンが出《で》るんですね。これが卵巣《らんそう》まで届《とど》いてホルモンが働《はたら》くと、月経《げっけい》のはじまりです。

❶ 卵巣《らんそう》でつくられた卵子《らんし》が、卵管《らんかん》に入《はい》っていきます。もしもこのとき、卵子《らんし》が精子《せいし》と出会《であ》ってくっついたら、赤《あか》ちゃんのもと（受精卵《じゅせいらん》）になるんですよ。

❷ この時期《じき》は、赤《あか》ちゃんができるための準備期間《じゅんびきかん》。子宮《しきゅう》の内側《うちがわ》の膜《まく》（子宮内膜《しきゅうないまく》）は、血液《けつえき》をふくんで、まるで赤《あか》ちゃんをやさしく包《つつ》むベッドのようにふかふかになります。

❸ 精子《せいし》が卵管《らんかん》に入《はい》ってこなかったり、入《はい》ってきても卵子《らんし》とうまくくっつかなかったりした場合《ばあい》は、赤《あか》ちゃんのもと（受精卵《じゅせいらん》）ができません。

そのため、使《つか》われなくなったベッドは必要《ひつよう》なくなって、腟《ちつ》から体《からだ》の外《そと》へと出《だ》されます。そうして出《で》てきたものが経血《けいけつ》です。

1か月《げつ》に1回起《かいお》こるので、これを「月経《げっけい》」といいます。女《おんな》の人《ひと》の体《からだ》は、毎月新《まいつきあたら》しくふかふかのベッドを用意《ようい》して、赤《あか》ちゃんを迎《むか》える準備《じゅんび》をしているんだよ。

「う〜ん、なるほど〜！」

月経《げっけい》のときは、腟《ちつ》から出《で》てくる経血《けいけつ》をそのままにしておくと下着《したぎ》についてしまうので、ナプキンやタンポンを使《つか》って受《う》けとめます（くわしくはP.69へ）。

月経《げっけい》のときは、「月経痛《げっけいつう》（生理痛《せいりつう》）」といういたみをともなうことがあります。これは人《ひと》によってちがうので、「ぜんぜん平気《へいき》！」という人《ひと》も、「いたくてガマンできない！」という人《ひと》もいるよ。また、気持《きも》ちがイライラしたり、すごくねむくなったりする人《ひと》もいます。

月経痛《げっけいつう》やイライラは薬《くすり》でラクになることも多《おお》いので、つらいときは、まわりの大人《おとな》や、保健室《ほけんしつ》の先生《せんせい》、病院《びょういん》のお医者《いしゃ》さんに相談《そうだん》してください。

初経《しょけい》の時期《じき》は、9才《さい》から15才《さい》ごろと人《ひと》それぞれ。まわりの人《ひと》とくらべてあせることはありません。

MISSION!

女《おんな》の子《こ》

インタビューしてみよう

まわりの大人《おとな》の女《おんな》の人《ひと》に、この本《ほん》を持《も》って、インタビューしてみよう。お母《かあ》さんや、親《しん》せきのお姉《ねえ》さん、友《とも》だちのお姉《ねえ》ちゃんなど、思《おも》い浮《う》かぶかな?

あなたの話《はなし》をいつもよく聞《き》いてくれて、あなたが話《はなし》を聞《き》きやすいなと思《おも》う人《ひと》に、その人《ひと》の初経《しょけい》のエピソードを聞《き》いてみてね。

- 初経《しょけい》のときのこと、覚《おぼ》えてる?
- どんなときだった?
- そのとき、どんな気持《きも》ちだった?
- 家族《かぞく》とは、どんな会話《かいわ》をした?
- 今《いま》は、月経《げっけい》とどんなふうにつきあっているの?

あなたが不安《ふあん》に思《おも》っていることも、話《はな》してみると、
心《こころ》が軽《かる》くなるかもしれないよ。

note

「においが心配《しんぱい》!」という人《ひと》も多《おお》いけど、すっぱいにおいなら大丈夫《だいじょうぶ》。よい菌《きん》の中《なか》に、「乳酸菌《にゅうさんきん》」がふくまれているからなんだよ。ヨーグルトにも入《はい》っている菌《きん》だね。
もしも、いつもにくらべておりものが黄色《きいろ》や茶色《ちゃいろ》や黒《くろ》っぽかったり、魚《さかな》がくさったようなにおいがしたり、月経中《げっけいちゅう》ではないのに血《ち》が混《ま》ざっている場合《ばあい》は、病気《びょうき》の可能性《かのうせい》もあるから、まわりの大人《おとな》に相談《そうだん》して、産婦人科《さんふじんか》を受診《じゅしん》してください。

おりもののついた下着《したぎ》は、自分《じぶん》で軽《かる》く水《みず》で洗《あら》ってから洗《せん》たく機《き》に入《い》れればマナーもカンペキ! ベタベタが気《き》になるときは、こまめに下着《したぎ》を取《と》りかえるほか、「パンティライナー」というおりもの専用《せんよう》のシートもあるから、ドラッグストアなどで見《み》てみてね。

COLUMN

おりものってなに？

またのあたりがぬるぬるしている気《き》がして、
トイレで見《み》てみたら、パンツに白《しろ》っぽい液体《えきたい》がついていたよ。
ベタベタするし、かわくとパリパリになって
パンツにこびりつくし、なんだかにおいがするし。
病気《びょうき》だったらどうしよう……

10才前後《さいぜんご》の女《おんな》の子《こ》からよく聞《き》くおなやみです。このぬるぬるの正体《しょうたい》は「おりもの」。病気《びょうき》でもなんでもなく、思春期《ししゅんき》にさしかかるころから、女《おんな》の子《こ》ならだれにでもあらわれるものなんです。
さて、おりものってなんのためにあるのでしょう？

実《じつ》はおりものには、女《おんな》の子《こ》の体《からだ》を病気《びょうき》から守《まも》るとっても大切《たいせつ》な役割《やくわり》があるんです。そのひとつが、「自浄作用《じじょうさよう》」。自分《じぶん》の力《ちから》で体《からだ》をきれいに、健康《けんこう》にたもつ働《はたら》きのこと。
おりものにふくまれる「よい菌《きん》」が、膣《ちつ》の中《なか》にある「悪《わる》い菌《きん》」を外《そと》に追《お》いはらうことで、感染症《かんせんしょう》を防《ふせ》いでくれるのです。

おりものの量《りょう》は人《ひと》によっても、時期《じき》によってもちがいます。また、体《からだ》の健康状態《けんこうじょうたい》によっても変《か》わります。透明《とうめい》っぽくて水《みず》のようにさらさらなこともあるし、白《しろ》っぽくてねばねばしていることもあるよ。

ているから、最初《さいしょ》は読《よ》みながら使《つか》ってみよう。太《ふと》さによっていろいろな種類《しゅるい》があります。初《はじ》めての人《ひと》向《む》けの細《ほそ》いタイプのものがあるので、それからトライするのがおすすめ。

使用中《しようちゅう》は経血《けいけつ》が外《そと》にもれないし、ナプキンより長《なが》い時間続《じかんつづ》けて使《つか》えるのがいいところ。生理中《せいりちゅう》でもプールに入《はい》りたいとき、授業《じゅぎょう》や移動《いどう》の時間《じかん》が長《なが》いときなどに使《つか》う人《ひと》もいます。清潔《せいけつ》に保《たも》つために、タンポンは8時間以内《じかんいない》に取《と》りかえてね。

・**吸収型《きゅうしゅうがた》パンツ**　パンツ自体《じたい》が経血《けいけつ》を吸収《きゅうしゅう》してくれるんです。これを1枚《まい》はけば、ナプキンやタンポンはいりません。お手入《てい》れは、脱《ぬ》いだパンツを「重《じゅう》そう」をとかした水《みず》にしばらくつけたあと、ほかの洗《せん》たく物《もの》といっしょに洗《せん》たく機《き》で洗《あら》えばOK。くり返《かえ》し使《つか》えます。

・**月経《げっけい》カップ**　シリコンなどでできたカップ。膣《ちつ》に入《い》れると、経血《けいけつ》を受《う》け止《と》めてくれるよ。くり返《かえ》し使《つか》うために、消毒《しょうどく》することが必要《ひつよう》です。

＼＼ **MISSION!** ／／

女《おんな》の子《こ》

聞《き》いてみよう

まわりの大人《おとな》の女《おんな》の人《ひと》に、生理用品《せいりようひん》や生理中《せいりちゅう》の過《す》ごし方《かた》について聞《き》いてみよう。心配《しんぱい》に思《おも》っていることがあれば、それも相談《そうだん》してみよう。いろんな生理用品《せいりようひん》を見《み》せてもらったり、使《つか》い方《かた》を聞《き》いてみるのもいいね。

memo

COLUMN

女《おんな》の子《こ》のおたすけアイテム

下着《したぎ》

むねが少《すこ》しずつふくらんできて、シャツ1枚《まい》だとすけてしまわないかなと気《き》になったり、むねの先《さき》が服《ふく》に当《あ》たっていたいなと感《かん》じたら、ブラジャーや、パッド入《い》りのキャミソールを用意《ようい》しましょう。体《からだ》の変化《へんか》の度合《どあい》いは人《ひと》によってちがうので、なかなかふくらまないからといって、心配《しんぱい》する必要《ひつよう》はないよ。

生理用品《せいりようひん》

月経《げっけい》(生理《せいり》)のときには、ナプキンやタンポンを使《つか》って経血《けいけつ》を受《う》け止《と》めます。いろいろな種類《しゅるい》があることを知《し》って、自分《じぶん》で自分《じぶん》に合《あ》うものを選《えら》びましょう。性器《せいき》のまわりをお風呂《ふろ》やシャワーで洗《あら》って、清潔《せいけつ》に保《たも》つことも大切《たいせつ》です。

•ナプキン　気軽《きがる》に使《つか》えて、手《て》に入《はい》りやすいのはこれ。パンツのまたにあたる部分《ぶぶん》に貼《は》って使《つか》います。ずっとつけたままにしていると、経血《けいけつ》がもれてしまったり、清潔《せいけつ》さをキープできなくなったりするので、2～3時間《じかん》おきにトイレで取《と》りかえましょう。経血《けいけつ》の量《りょう》やつけ心地《ごこち》によって、かたちや厚《あつ》さもいろいろ。洗《あら》ってくり返し使える布《ぬの》ナプキンもあるよ。

•タンポン　棒《ぼう》のようなかたちで、腟《ちつ》に直接《ちょくせつ》入《い》れて使《つか》います。入《い》れ方《かた》は、コツをつかめばそんなにむずかしくはありません。必《かなら》ず説明書《せつめいしょ》がつい

＼＼ MISSION! ／／

女《おんな》の子《こ》も男《おとこ》の子《こ》も！ ナプキンの実験《じっけん》をしてみよう

身近《みぢか》にいる大人《おとな》に、生理用《せいりよう》ナプキンをひとつ分《わ》けてもらったら、水《みず》を入《い》れたコップを用意《ようい》します。ナプキンを開《ひら》いて、上《うえ》から水《みず》をかけてみよう。テレビのコマーシャルで見《み》たことあるかな？ ナプキンが液体《えきたい》をどのくらい吸収《きゅうしゅう》するのか、自分《じぶん》の目《め》で見《み》てたしかめてみてね！

実験《じっけん》するときは、床《ゆか》がぬれないように注意《ちゅうい》！ タオルをしいたところや、水場《みずば》、お風呂場《ふろば》がおすすめ。

memo

COLUMN

セルフプレジャー

思春期《ししゅんき》がはじまると、脳《のう》からたくさんのホルモンが出《で》てきます。そのせいで、自分《じぶん》や人間《にんげん》の体《からだ》に興味《きょうみ》や関心《かんしん》が強《つよ》くなるのは自然《しぜん》なことです。そういうときに、自分《じぶん》の性器《せいき》をさわって気《き》持《も》ちをみたす方法《ほうほう》があるよ。

これは「自慰《じい》」や「マスターベーション」、「オナニー」と呼《よ》ばれることが多《おお》いですが、この本《ほん》では、「セルフプレジャー」という呼《よ》びかたをおすすめします。「セルフ」は「自分《じぶん》で」、「プレジャー」は「たのしみ、よろこび」という意味《いみ》です。

★「ぼく、なんとなくペニスをモミモミさわってしまうことがあるんだけど、それってセルフプレジャーだったのかな……」

どうかな？ それとは、ちょっとちがうかもしれないね。

人間《にんげん》の体《からだ》のうち、男性《だんせい》も女性《じょせい》も、プライベートゾーンの性器《せいき》は特《とく》にびん感《かん》です。そこをしげきすることで、特《とく》べつな気《き》持《も》ちよさを感《かん》じることがあります。男《おとこ》の子《こ》の場合《ばあい》は、射精《しゃせい》をすることもあります。

セルフプレジャーは、悪《わる》いことでもはずかしいことでもないので、何回《なんかい》やっても大丈夫《だいじょうぶ》。やりすぎて病気《びょうき》になることもありません。ただし、性器《せいき》はデリケートな場所《ばしょ》なので、手《て》は必《かなら》ず洗《あら》って清潔《せいけつ》にしてからおこなうようにしてね。もちろん、やらなくたって大丈夫《だいじょうぶ》だよ。

そして、セルフプレジャーはとってもプライベートなことなので、するときはひとりの場所《ばしょ》と時間《じかん》を選《えら》んでね。家族《かぞく》やみんなの前《まえ》で、大声《おおごえ》でセルフプレジャーの話《はなし》をするのも、いやがりそうな人《ひと》がいるならやめましょう。それがマナーです。

さて、ここまで学《まな》んできて、男《おとこ》の子《こ》、女《おんな》の子《こ》、おたがいのことがわかってきたかな？

★「なんだかすごくふしぎだね」

☽「でも、大人《おとな》に近《ちか》づくってちょっとワクワクするね」

そうだよね。何度《なんど》もくり返《かえ》しますが、体形《たいけい》の変化《へんか》も、発育《はついく》のスピードも、ひとりひとりそれぞれちがいます。だから、まわりとくらべてなやんだり、あせったりしなくてもぜんぜん大丈夫《だいじょうぶ》なんだよ。

ただし、15才《さい》になっても、女《おんな》の子《こ》は月経《げっけい》がはじまらない、男《おとこ》の子《こ》は声《こえ》がわりがないという場合《ばあい》は、もしかしたら発育《はついく》がおそい可能性《かのうせい》もあるから、念《ねん》のため、身近《みぢか》にいる大人《おとな》に相談《そうだん》してから、病院《びょういん》へ行《い》くことをおすすめします。

初経《しょけい》が来《き》たり、精通《せいつう》があったりするということは、大人《おとな》の体《からだ》に近《ちか》づき、性交《せいこう》をすれば、赤《あか》ちゃんができる体《からだ》になるということ。赤《あか》ちゃんができるということは、新《あたら》しい命《いのち》をつくるということ、そしてその命《いのち》を育《そだ》てていくということですから、大《おお》きな責任《せきにん》をともないます。

だから性交《せいこう》は、子《こ》どもがするものではありません。自分《じぶん》の心《こころ》と体《からだ》を大切《たいせつ》にするためにも、人《ひと》の心《こころ》と体《からだ》を大切《たいせつ》にするためにも、知識《ちしき》をしっかりつけることが大切《たいせつ》なんだね。

いちにんまえまで、あと一歩《いっぽ》。せっかくつけた知識《ちしき》は上手《じょうず》に使《つか》わないとね。

私《わたし》が「体《からだ》の変化《へんか》は、プライベートなあなただけのもの」と言《い》ったのを覚《おぼ》えているかな？

プライベートなものは、いつでもどこでもだれにでも見《み》せていいのかな？

プライベートなことは、いつでもどこでもだれとでも話《はな》していいのかな？

★☽「うーん……」

これってOK（してもいい）？ NG（してはいけない）？

だれかの前《まえ》で、おしりを出《だ》すのはOKかな？ それともNG？

プライベートゾーンを他人《たにん》に見《み》せる場合《ばあい》は、見《み》せる理由《りゆう》があればOKです。だから、いたいとき、かゆいとき、はれてるときに、病院《びょういん》でお医者《いしゃ》さんに見《み》せるのはOK。どうなっているかをちゃんと見《み》ないと、お医者《いしゃ》さんも治《ち》りょうができないものね。

でもね、お医者《いしゃ》さんごっこではだかを見《み》せ合《あ》うのはNGだよ。意識《いしき》していなくても、相《あい》手《て》のプライベートゾーンに立《た》ち入《い》ってしまう可能性《かのうせい》があるからです。

信頼《しんらい》できる大人《おとな》とお風呂《ふろ》に入《はい》るときも、OK。でも、いやだなと思《おも》ったときは、親子《おやこ》であっても、いっしょに入《はい》らなくてもいいんだよ。温泉《おんせん》など、知《し》らない人《ひと》とお風呂《ふろ》に入《はい》るときは、おたがいにじろじろ見《み》ない、さわらないこと！　タオルでかくしてもいいね。人前《ひとまえ》でふざけておしりを出《だ》すのは、自分《じぶん》は楽《たの》しくても、見《み》せられた相手《あいて》はいやな気持《きも》ちになるかもしれません。だから、人前《ひとまえ》でふざけておしりを出《だ》すのはＮＧです。

ふざけてお友《とも》だちのおしりをタッチ！　これはＯＫ？　ＮＧ？

スカートめくりやパンツ下《お》ろし。これはＯＫ？　ＮＧ？

絶対《ぜったい》にＮＧです。だれかのおしりをさわるのも、スカートめくりもパンツ下《お》ろしも、人《ひと》のプライベートゾーンにむりやり立《た》ち入《い》ること。たとえ軽《かる》い気持《きも》ちでも、相手《あいて》を深《ふか》くきずつけてしまいます。相手《あいて》のプライベートゾーンにむりやり立《た》ち入《い》ることは「ぼうりょく」です。相手《あいて》が「いいよ」と同意《どうい》していないのに、体《からだ》にさわるのはＮＧですね。家族《かぞく》や友《とも》だちと、おたがいに楽《たの》しい気持《きも》ちで手《て》をつないだり、ハグをするのはＯＫだよ。

友《とも》だちの女《おんな》の子《こ》に「なんだかむねが大《おお》きくなってきたね！」と話《はな》しかける。これはOK？NG？

ＮＧです。その子《こ》の体《からだ》の変化《へんか》は、その子《こ》だけのプライベートなできごとです。たとえほめ言葉《ことば》のつもりでも、気軽《きがる》に言《い》ってはいけません。いやな気持《きも》ちにさせてしまうかもしれません。「太《ふと》ったね」「やせてるね」という言葉《ことば》も、やたらと言《い》わないこと。本人《ほんにん》は、とっても気《き》にしているかもしれないよ。「髪型《かみがた》かっこいいね」「その服《ふく》、にあっているよ」などと声《こえ》をかけるのはＯＫ。その子《こ》の意思《いし》で自由《じゆう》に選《えら》びとれるもの、好《す》きなように変《か》えられるものはＯＫなんだよ。

電車《でんしゃ》のなかで、性器《せいき》のはなしをする。OK？NG？

友《とも》だちの前《まえ》で、大《おお》きな声《こえ》で月経《げっけい》のはなしをする。

OK？　NG？

だれかといっしょに夕飯《ゆうはん》を食《た》べているときに、セルフプレジャーのはなしをする。これはOK？　NG？

これらはぜんぶNGの可能性《かのうせい》があります。どれもいけないことやはずかしいことではないけれど、とてもプライベートなことなので、聞《き》きたくない人《ひと》がいるかもしれないところでは、みんなに聞《き》こえるような声《こえ》で話《はな》すのはマナー違反《いはん》です。聞《き》くほうも、いやな気持《きも》ちになることがあるよ。話《はな》したいときは、場所《ばしょ》を選《えら》んで。信頼《しんらい》できる友《とも》だちや大人《おとな》に、「こういうことを話《はな》したい」と伝《つた》えて「いいよ」と同意《どうい》をもらってから、じっくり話《はな》すのはOKだよ。

たろうくんが、はなちゃんのことを好《す》きみたいだから、はなちゃんに教《おし》えてあげよう。これはOK？　NG？

NGです。たろうくんの気持《きも》ちは、たろうくんだけのもの。いくらあなたがその気持《きも》ちに気《き》づいたとしても、勝手《かって》なことをしては絶対《ぜったい》にいけません。ほかの友《とも》だちに言《い》うのもNG。うわさ話《ばなし》は大切《たいせつ》な友《とも》だちをいやな気持《きも》ちにさせてしまうかもしれません。

さぁ、OKとNG、わかってきたかな？

「はーい！」

頼《たの》もしいな！　みんな、だんだん、いちにんまえの顔《かお》になってきましたね。

Q & A
おしえて! サッコ先生

Q

わきやまたの毛《け》って、大切《たいせつ》なところを守《まも》るために生《は》えるって聞《き》いたよ。なんで大人《おとな》より子《こ》どものほうが弱《よわ》いのに、子《こ》どもには生《は》えていなくて、大人《おとな》になってから生《は》えるの?

A

なぜなら、子《こ》どもは大人《おとな》に守《まも》られるべき存在《そんざい》だからです。成長《せいちょう》して大人《おとな》から守《まも》ってもらわなくても大丈夫《だいじょうぶ》になったときに、毛《け》が生《は》えて大切《たいせつ》なところを守《まも》るのかもしれません（笑《わらい》）。

Q

修学旅行《しゅうがくりょこう》や林間学校《りんかんがっこう》のときに初経《しょけい》が来《き》たら…?

A

そういうこともあるかもしれないね。前日《ぜんじつ》までにナプキンを用意《ようい》して、パンツに貼《は》って使《つか》う練習《れんしゅう》をしておきましょう。ポーチに替《か》えの下着《したぎ》とナプキンをいくつか入《い》れて、持《も》ちものに加《くわ》えたら安心《あんしん》です。

Q

**ペニスは大《おお》きいほうがいいの？
大人《おとな》になればみんな大《おお》きくなりますか？**

A

体《からだ》の成長《せいちょう》とともに、ペニスはだんだん大《おお》きくなっていきます。ペニスが大《おお》きくなるよりも前《まえ》に、陰《いん》のうの中《なか》にある、精巣《せいそう》が少《すこ》しずつ大《おお》きくなるんですよ。

精巣《せいそう》の大《おお》きさの目安《めやす》は、おや指《ゆび》とひとさし指《ゆび》で作《つく》ったOKサインのわっか（ちなみに、ひとさし指《ゆび》の先《さき》はおや指《ゆび》の第《だい》1関節《かんせつ》の内側《うちがわ》につけるよ）。15才《さい》を過《す》ぎて、そのわっかよりも精巣《せいそう》が小《ちい》さかったら、泌尿器科《ひにょうきか》に相談《そうだん》してみてくださいね。

精巣《せいそう》が大《おお》きくなりはじめたら、男《おとこ》の子《こ》の体《からだ》の成長《せいちょう》がスタートしたサイン。そのあとに、ペニスも大《おお》きくなってくるよ。ほかの人《ひと》と大《おお》きさをくらべる必要《ひつよう》はありません。大人《おとな》になって、勃起《ぼっき》したときに5センチの大《おお》きさがあれば、問題《もんだい》ないですよ。

Q

早生《はやう》まれのわたしは、
同《おな》じ学年《がくねん》の友《とも》だちよりも
むねのふくらみや初経《しょけい》の時期《じき》が
おそいのかな？

A

むねが大《おお》きくなったり、初経《しょけい》が来《く》る時期《じき》は人《ひと》それぞれ。9～15才《さい》くらいまでに、月経《げっけい》がはじまるといわれているよ。同《おな》じ学年《がくねん》でもバラバラだから、早生《はやう》まれだからおそいということはありません。

お友《とも》だちに初経《しょけい》がきたり、ファーストブラの話《はなし》を聞《き》いたりすると、私《わたし》はまだかなあ……って思《おも》うかもしれませんが、ほかの人《ひと》とくらべる必要《ひつよう》はないんだよ。

女《おんな》の子《こ》は、身長《しんちょう》がグーッとのびる「身長《しんちょう》スパート」という時期《じき》のあとに、初経《しょけい》が来《く》るといわれています。

逆《ぎゃく》にいえば、初経《しょけい》のあとはそんなに身長《しんちょう》がのびなくなります。

中学《ちゅうがく》3年生《ねんせい》のおわりごろになって、一度《いちど》も月経《げっけい》が来《き》ていなかったら、産婦人科《さんふじんか》に相談《そうだん》してみてね。

Q やせていると、むねもあまり大《おお》きくならないの？

A

むねの中《なか》にある「乳《にゅう》せん」というところは、「エストロゲン」というホルモンの影響《えいきょう》を受《う》けて、発《はっ》たつします。

エストロゲンは、卵巣《らんそう》から分泌《ぶんぴ》されるホルモンですが、皮《ひ》ふと筋肉《きんにく》のあいだの脂肪《しぼう》が足《た》りないと、働《はたら》くことができません。だから、脂肪《しぼう》が不足《ふそく》している人《ひと》は、むねが大《おお》きくなりにくいということが言《い》えます。

「体重《たいじゅう》が増《ふ》えてくると気《き》になっちゃう」「アイドルみたいにやせたい!」と思《おも》う人《ひと》もいるかもしれませんね。でも、やせすぎの場合《ばあい》には、体《からだ》がうまく大人《おとな》に向《む》かっていかないかもしれないのです。

みなさんは今《いま》、成長期《せいちょうき》。むねだけでなく、体《からだ》をつくる大事《だいじ》なときですね。十分《じゅうぶん》なすいみんと栄養《えいよう》をとりましょう。

Part 4

目《め》には見《み》えない心《こころ》のはなし

みんなはさいきん、「自分《じぶん》がいままでとちがうなぁ」とか、「なんだか変《へん》な気分《きぶん》だぞ？」と感《かん》じていることはあるかな？

★「うーん……言《い》いにくいけど……。

さいきん、気《き》づけばクラスのゆきちゃんのことばかり見《み》ちゃうんだ」

☽「わたしは、友《とも》だちのゆうちゃんが、だれかとすごく楽《たの》しそうにしゃべってるのを見《み》ると、心《こころ》がもやもやすることがあるよ」

みんな、言《い》いにくいことを教《おし》えてくれてありがとう。自分以外《じぶんいがい》のだれかに興味《きょうみ》をもったり、その人《ひと》のことが大好《だいす》きになって、ひとりじめしたくなったり……。

それはね、どれもとっても自然《しぜん》なことです。

男性《だんせい》にとっての女性《じょせい》、女性《じょせい》にとっての男性《だんせい》のことを、「異性《いせい》」と呼《よ》ぶよ。異性《いせい》が気《き》になる、異性《いせい》とお話《はな》ししたい、ふれ合《あ》いたい。そんな気持《きも》ちになるのは、自然《しぜん》な発育《はついく》のひとつ。

みんなの心《こころ》が、すこしずつ大人《おとな》に近《ちか》づいているしるしなんです。

異性《いせい》ではなく、同《おな》じ性別《せいべつ》の友《とも》だちに気持《きも》ちが向《む》いて「自分《じぶん》は人《ひと》とちがうのかな？」って気《き》になってるよ、という人《ひと》がいてもぜんぜんおかしくありません。また、性別《せいべつ》にかかわらず、ほかの人《ひと》に対《たい》してそういう気持《きも》ちを感《かん》じない人《ひと》も、もちろんいます。

ところで、「性《せい》」ってなんだろう？

「性《せい》」のつく言葉《ことば》を、思《おも》いつくだけ書《か》いてみよう！

「性別《せいべつ》」「男性《だんせい》」「女性《じょせい》」「性格《せいかく》」「個性《こせい》」「酸性《さんせい》」「アルカリ性《せい》」……。

たくさん出《で》てきたね。これらの言葉《ことば》を見《み》てみると、なんとなくわかるかな？

「性《せい》」という漢字《かんじ》の部首《ぶしゅ》は、「りっしんべん」です。「りっしんべん」は、「こころ」を意《い》味《み》します。ということは、「性《せい》」という漢字《かんじ》は、「こころ」をもって「生《い》きる」という意味《いみ》になるよね。

つまり「性《せい》」とは、その人《ひと》が、その人《ひと》らしく、いきいきと生《い》きていくこと。

「性《せい》」とは、「その人《ひと》そのもの」という意味《いみ》なんだね。

だから、「性《せい》」はあなたにとってすごく大切《たいせつ》なことです。また、自分《じぶん》の「性《せい》」を大切《たいせつ》にするなら、ほかの人《ひと》の「性《せい》」も大切《たいせつ》にしなければなりません。

なんとなく、わかったかな？

★「うーん、わかったような、わからないような……」

☽「ようするに、自分《じぶん》、ってこと？」

そうそう。さらに具体的《ぐたいてき》に見《み》ていきましょう。

性《せい》には、４つの側面《そくめん》があります。

体《からだ》の性《せい》

生《う》まれたときに割《わ》りあてられた性《せい》。男性器《だんせいき》がついていると「男《おとこ》の人《ひと》」、女性器《じょせいき》がついていると「女《おんな》の人《ひと》」とみなされます。この本《ほん》での「男《おとこ》」「女《おんな》」という区別《くべつ》も、この「体《からだ》の性《せい》」を意味《いみ》します。

心《こころ》の性《せい》

あなたが、自分《じぶん》のことを「男《おとこ》の人《ひと》」だと思《おも》っているか、「女《おんな》の人《ひと》」だと思《おも》っているか、それ以外《いがい》か。

好《す》きになる人《ひと》の性《せい》

あなたが「男《おとこ》の人《ひと》」を好《す》きになるか、「女《おんな》の人《ひと》」を好《す》きになるか。好《す》きになるのに相手《あいて》の性別《せいべつ》は関係《かんけい》ないよ、という人《ひと》もいます。自分以外《じぶんいがい》の人《ひと》に「好《す》き」という特《とく》べつな感情《かんじょう》をいだかない人《ひと》もいます。どれもふつうのことです。

表現《ひょうげん》する性《せい》

あなたがどんな服装《ふくそう》で生《い》きていきたいか、ということ。ほかの人《ひと》から「男《おとこ》の人《ひと》」に見《み》えるすがたで生《い》きたいか、「女《おんな》の人《ひと》」に見《み》えるすがたで生《い》きたいか。それとも、どちらにもとらわれない生《い》き方《かた》を選《えら》ぶのか。

この写真《しゃしん》に写《うつ》っている赤《あか》ちゃんの性別《せいべつ》は？ 男《おとこ》の子《こ》？ 女《おんな》の子《こ》？

もし私《わたし》が産婦人科医《さんふじんかい》として答《こた》えるなら、「女《おんな》の子《こ》」です。うでにピンク色《いろ》のバンドが見《み》えますね。これは、生《う》まれたときに「外性器《がいせいき》が女《おんな》の子《こ》のかたちをしていた」赤《あか》ちゃんにつけられます。でも、この子《こ》の「心《こころ》の性《せい》」が男《おとこ》なのか、女《おんな》なのか、「好《す》きになる性《せい》」は男《おとこ》なのか、女《おんな》なのか。それはこの子自身《こじしん》が、これからじっくり向《む》き合《あ》っていけばいいんですよ。

エコー写真《しゃしん》に写《うつ》ったこの子《こ》の性別《せいべつ》は？

お次《つぎ》はこの写真《しゃしん》。お母《かあ》さんのおなかの中《なか》で、16週目《しゅうめ》の赤《あか》ちゃんです。おなかの中《なか》にいる期間《きかん》は、38~40週《しゅう》くらいなんですよ。まだその半分《はんぶん》も過《す》ぎていない16週《しゅう》の赤《あか》ちゃん。太《ふと》も

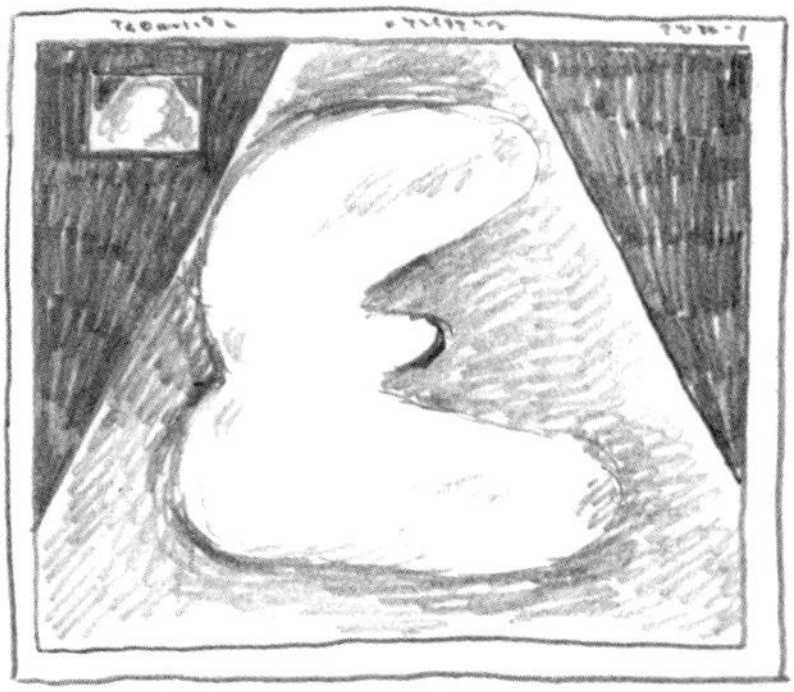

もと太《ふと》ももの間《あいだ》にぴょこんと飛《と》びだしたものが見《み》えていますね。

この子《こ》の「体《からだ》の性《せい》」は、男性《だんせい》です。飛《と》びだしているものは「ペニス」だよね。だけど、この子《こ》の「心《こころ》の性《せい》」と、「好《す》きな人《ひと》の性《せい》」は、まだわかりません。この子《こ》がどんな性《せい》をどう生《い》きたいか。それはこれからこの子《こ》が考《かんが》えることですね。

性《せい》はグラデーションになっていて、あなたをふくめたひとりひとりが、そのどこかにいます。だれかがふつうでだれかがふつうじゃない、っていうことはありません。ただ、それぞれの性《せい》があるだけです。

★「男《おとこ》と女《おんな》、ふたつだけじゃないのか。思《おも》ってたよりふくざつだね」

☽「好《す》き、っていう気持《きも》ちも、よくわかんないや……」

まだ「自分《じぶん》のことがよくわからない」人《ひと》もいれば、「心《こころ》の性《せい》が日《ひ》によって変《か》わる」という人《ひと》もいるでしょう。それもふつうのこと。ぜんぜん大丈夫《だいじょうぶ》です。

自分《じぶん》らしさを生《い》きることは、当《あ》たり前《まえ》のことで、他人《たにん》からジャマされたり、「おかしいよ」「ダメだよ」と決《き》めつけられたりすることは、けっしてあってはなりません。

「体《からだ》の性《せい》」、「心《こころ》の性《せい》」、「好《す》きになる人《ひと》の性《せい》」、「表現《ひょうげん》する性《せい》」。

だれでも、それぞれこの4つの性《せい》について、位置《いち》する場所《ばしょ》は、はしっこだったり中間《ちゅうかん》だったり……。だから性別《せいべつ》は「男《おとこ》」と「女《おんな》」のふたつではなくて、グラデーションなのです。

今《いま》、日本《にほん》では「結婚《けっこん》する」というと、主《おも》に男性《だんせい》と女性《じょせい》の異性同士《いせいどうし》が結《むす》ばれることをいいますね。でも、「同性婚《どうせいこん》」といって男性《だんせい》と男性《だんせい》、女性《じょせい》と女性《じょせい》が結婚《けっこん》をすることもあります。

日本《にほん》では、「同性婚《どうせいこん》」をした人《ひと》たちがカップルだと国《くに》からみとめられるところまでは、まだ来《き》ていません。でも、堂々《どうどう》と結婚式《けっこんしき》をあげて、まわりの人《ひと》たちにお祝《いわ》いしてもらう人《ひと》たちはたくさんいるんですよ。そして日本《にほん》でも、地域《ちいき》によっては「同性《どうせい》のカップルを正式《せいしき》にみとめますよ」ということをはじめているところもあります。

これからは、日本《にほん》という国《くに》の基準《きじゅん》も変《か》わっていく必要《ひつよう》があるのではないかな？　とサッコ先生《せんせい》は思《おも》います。

たとえ、生《う》まれたときの「体《からだ》の性《せい》」が「男《おとこ》」という人《ひと》でも、「心《こころ》の性《せい》」が男《おとこ》っぽい・女《おんな》っぽい・どちらでもないという人《ひと》がいます。「好《す》きになる性《せい》」が男《おとこ》・女《おんな》・両方《りょうほう》だったり、どっちも好《す》きにならないっていう人《ひと》がいてもいいんだよ。

　自分《じぶん》の性《せい》がどんなものかわからない、決《き》めていないよ、という人《ひと》ももちろんいます。

「う〜ん、なるほど〜！」

SOGI

みんなの性《せい》をあらわす「SOGI」という言葉《ことば》があります。

「ソジ」とよみます。

SO

Sexual Orientation（セクシュアル・オリエンテーション）

好《す》きになる人《ひと》の性《せい》。男《おとこ》・女《おんな》・両方《りょうほう》・どちらでもない？

GI

Gender Identity（ジェンダー・アイデンティティ）

心《こころ》の性《せい》。自分《じぶん》の性《せい》をどう考《かんが》えているか。

男《おとこ》・女《おんな》・両方《りょうほう》・どちらでもない？

SOと**GI**の組《く》み合《あ》わせで、すべての人《ひと》の性《せい》を

言《い》いあらわすことができるんですよ。

MISSION!

こういう言葉《ことば》、どう思《おも》うかな?
ひとつひとつ、考《かんが》えてみよう。

「男《おとこ》の子《こ》なのに、なんでかみの毛《け》が長《なが》いの?」

「女《おんな》の子《こ》なのに、スカートをはきたくないなんて、へんだね」

「男《おとこ》の子《こ》なのに、バレエをやりたいなんて、おかしいな」

「女《おんな》の子《こ》なのに、将来《しょうらい》はパイロットになりたいなんて、変《か》わってる」

「戦隊《せんたい》もののおもちゃは、男《おとこ》の子《こ》向《む》けだよ。女《おんな》の子《こ》なんだから、お人形《にんぎょう》にしたら?」

「男《おとこ》の子《こ》なんだから、強《つよ》くならなきゃ。女《おんな》の子《こ》を守《まも》らなきゃだめ!」

「女《おんな》の子《こ》なんだから、どんなときもニコニコして、おしとやかにね」

「男《おとこ》の子《こ》なんだから、いっぱい食《た》べなきゃ!」

「女《おんな》の子《こ》だから、おうちの手伝《てつだ》いをしようね」


こういう言葉《ことば》を、だれかが言《い》っているのを聞《き》いたことがあるかな。あなたが言《い》われたらどう思《おも》う? また、こういう言葉《ことば》を、兄弟《きょうだい》や友《とも》だちに言《い》っていないかな?

「男《おとこ》の子《こ》だからこうじゃないとおかしい」、「女《おんな》の子《こ》だからこうしないとだめ」なんていうことは、ほんとうはないはず。自分《じぶん》が「すき!」と思《おも》ったものを選《えら》んで、「やりたい!」と思《おも》ったことをするのがいちばんだよね。

Q & A
おしえて！ サッコ先生

Q 学校《がっこう》で告白《こくはく》がはやってるけど、好《す》きな人《ひと》には好《す》きって言《い》った方《ほう》がいいの？

A

だれか人《ひと》を好《す》きになるって、特《とく》べつなことだよね。その気持《きも》ちは、相手《あいて》に伝《つた》えてもいいし、伝《つた》えなくてもいいんだよ。自分《じぶん》もだれかから「好《す》きです」って言《い》われたら、うれしいよね。どんなところを好《す》きになってくれたのか、教《おし》えてもらえると、自信《じしん》にもつながるかな。ほかの人《ひと》に「キライ」って言《い》われちゃったときにも、「でも、好《す》きって言《い》ってくれる人《ひと》もいるんだし……」と、心《こころ》の支《ささ》えになることもあります。
そのこととは別《べつ》に、考《かんが》えておくべきことがあります。告白《こくはく》して必《かなら》ずしもその人《ひと》と恋人《こいびと》になれるわけではないということ。でも大丈夫《だいじょうぶ》！ ふられてからが恋《こい》のはじまりだ、という詩人《しじん》もいます。どうすれば、好《す》きな人《ひと》から好《す》きになってもらえるか考《かんが》えて、いろんなことにチャレンジして、しゅみに打《う》ちこんだり、おしゃれに興味《きょうみ》をもったり、友《とも》だちを増《ふ》やしたり。きらりと光《ひか》る何《なに》かを身《み》につけるきっかけにするのも、とてもステキなことです。

Q 気《き》になる人《ひと》がどんどん変《か》わっちゃうのは、どうして?

A あなたは人《ひと》のいいところを見《み》つけて好《す》きになる天才《てんさい》かもしれません! 人《ひと》にはひとりひとりに個性《こせい》があって、まったく同《おな》じ人間《にんげん》はいませんね。いいところもあれば、悪《わる》いところもあります。
たくさんの人《ひと》のたくさんのいいところを見《み》つけだせるあなたは、ほかの人《ひと》を受《う》け入《い》れることができる、じゅうなんな心《こころ》をもっているのでしょうね。

Q いま、男性同士《だんせいどうし》、女性同士《じょせいどうし》で結婚《けっこん》できる国《くに》は、どこがあるの?

A 2001年《ねん》、オランダで同性婚《どうせいこん》ができるようになり、つづいてベルギー、スペイン、カナダ、南《みなみ》アフリカ、ノルウェー、スウェーデンなど、2023年《ねん》2月《がつ》の時点《じてん》で35の国《くに》・地域《ちいき》で同性婚《どうせいこん》ができるようにみとめられています。アジアでは、2019年《ねん》に台湾《たいわん》で同性婚《どうせいこん》ができるようになりました。
日本《にほん》では今《いま》、その議論《ぎろん》が進《すす》んでいるところです。自分《じぶん》が好《す》きな人《ひと》を好《す》き、って堂々《どうどう》と言《い》える。そんな社会《しゃかい》になるといいよね。

Q

**ぼくは男《おとこ》で、男《おとこ》の子《こ》のことが好《す》きです。
このことはなんとなく、家族《かぞく》や友《とも》だちや
先生《せんせい》には知《し》られたくありません。
かくしたままでもいいですか?**

A

たとえば、好《す》きになった人《ひと》が同性《どうせい》でも、異性《いせい》でも、そのことをまわりの人《ひと》に言《い》わなければいけないということはありません。心《こころ》の中《なか》で秘密《ひみつ》にする権利《けんり》があります。もし、同性《どうせい》のことを好《す》きになったとまわりの人《ひと》に知《し》られたら、特《とく》べつな目《め》で見《み》られるんじゃないか……と心配《しんぱい》していて、でも誰《だれ》かに相談《そうだん》したいな、と思《おも》うのなら。そんなあなたにアドバイスがあるよ。
性《せい》の多様性《たようせい》をあらわすレインボーのマークを身《み》につけたり、部屋《へや》に飾《かざ》ったりしている人《ひと》を見《み》つけましょう。ふだんから性《せい》についてよく勉強《べんきょう》している大人《おとな》は、言葉《ことば》に出《だ》さなくても、まわりの人《ひと》にそれが伝《つた》わるように、レインボーの旗《フラッグ》で合図《あいず》を送《おく》っているよ! そういう人《ひと》に相談《そうだん》してみたら、親身《しんみ》になってこたえてくれるはず。みんなの悩《なや》みを受《う》け入《い》れたいなと思《おも》っている大人《おとな》はたくさんいます。どんな困《こま》りごとでも、SOSを出《だ》しやすくて、助《たす》けてくれる人《ひと》につながりやすい社会《しゃかい》になるよう、サッコ先生《せんせい》をはじめ、たくさんの大人《おとな》たちも、毎日《まいにち》がんばっていますよ!

Part 5

困《こま》ったときには

知《し》らない人《ひと》から、プライベートゾーンをさわられそうになったり、だれかに「見《み》せて」「さわらせて」と言《い》われたら……。びっくりしますよね。だれだって、いやな気持《きも》ちになると思《おも》います。それは当《あ》たり前《まえ》のこと。プライベートゾーンだけでなく、大切《たいせつ》な体《からだ》と心《こころ》を守《まも》ることは、あなたの「権利《けんり》」なのですから。

そんな、もしものときは、いやだという気持《きも》ちを信《しん》じて「いや！」と言《い》ってもいいよ。

覚《おぼ》えよう！

いざというときのNO！ GO！ TELL！

No!

「いや！」「やめて！」と言《い》う。
できたかな？ なんどか、声《こえ》に出《だ》して練習《れんしゅう》してみよう。

Go!

その場《ば》から「にげる」「はなれる」。
安心《あんしん》な人《ひと》のところ、安全《あんぜん》な場所《ばしょ》に行《い》く。

Tell!

信頼《しんらい》できる大人《おとな》に「話《はな》す」「相談《そうだん》する」。

プライベートゾーンの侵害《しんがい》（むりやりさわられたり、見《み》られたりすること）は、あってはならないことだけど、残念《ざんねん》ながらしばしば起《お》こります。でも、そんなときは自分《じぶん》を守《まも》るためにできることを思《おも》い出《だ》して。「いや！」と言《い》っていい。にげてもいいよ。そのあと、信頼《しんらい》できる大人《おとな》に必《かなら》ず相談《そうだん》してね。

あなたが勇気《ゆうき》を出《だ》して大人《おとな》に相談《そうだん》しても、「気《き》のせいでしょう」「あなたがぼんやりしてたからじゃない？」なんて言《い》われてしまうこともあるかもしれません。大人《おとな》に信《しん》じてもらえなかったり、みかたになってもらえなかったりすると、とても悲《かな》しい気持《きも》ちになるよね。だけど、あきらめないでください。

1人めがだめでも、2人めの大人《おとな》、3人めの大人《おとな》というように、あなたの話《はなし》を真剣《しんけん》に聞《き》いてくれて、本気《ほんき》で心配《しんぱい》してくれる、あなたのことを心《こころ》から信《しん》じてくれる人《ひと》に出会《であ》うまで、話《はな》してみてね。

MISSION!

「信頼《しんらい》できる大人《おとな》」を3人《にん》思《おも》い浮《う》かべてみよう

保《ほ》護《ご》者《しゃ》、親《おや》、親《しん》せき、学校《がっこう》の先生《せんせい》、近所《きんじょ》の知《し》り合《あ》いなど、あなたにとって信頼《しんらい》できる大人《おとな》を3人《にん》思《おも》い浮《う》かべて、ノートに書《か》きだしてみよう。

「ふだんから、家《いえ》でなんでも相談《そうだん》してるよ!」という人《ひと》も、家族以外《かぞくいがい》に頼《たよ》りになる大人《おとな》がいると、いざというときに心強《こころづよ》いよ。

すぐに頼《たよ》れるように、左《ひだり》の連《れん》らく帳《ちょう》に名前《なまえ》や連《れん》らく先《さき》を書《か》いて、心《こころ》の準備《じゅんび》をしておこう。

「信頼《しんらい》できる大人《おとな》が思《おも》い浮《う》かばないな……」という人《ひと》も、あきらめないでね。

病院《びょういん》や電話相談《でんわそうだん》など、あなたのみかたになってくれる、いろいろなところが必《かなら》ずあるから大丈夫《だいじょうぶ》だよ。

れんらくちょう

連絡先《れんらくさき》 1

名前《なまえ》

電話番号《でんわばんごう》

住所《じゅうしょ》

連絡先《れんらくさき》 2

名前《なまえ》

電話番号《でんわばんごう》

住所《じゅうしょ》

連絡先《れんらくさき》 3

名前《なまえ》

電話番号《でんわばんごう》

住所《じゅうしょ》

ひとりでなやまずに

自分《じぶん》の体《からだ》や心《こころ》のこと。どこかが気《き》になるな、おかしいな……と思《おも》ったら、
ひとりでなやまずに、いろんなところを頼《たよ》ってね。

体《からだ》のなやみ——たとえばこんなとき

★男《おとこ》の子《こ》

・ペニスの先《さき》がはれているよ。うみが出《で》ているみたい。
・ペニスがかゆいな。いたいな。
・真性包茎《しんせいほうけい》（ペニスの先《さき》がむけない）で、
炎症《えんしょう》（熱《ねつ》、はれ、赤《あか》み、いたみ）をくり返《かえ》すよ。

・陰《いん》のうや、こうがんがいたいよ。はれているよ。ゴツゴツしているよ。
・15才《さい》を過《す》ぎても声《こえ》がわりがないな。

女《おんな》の子《こ》

・おりものの色《いろ》や状態《じょうたい》がいつもとちがうよ。
・おりものから魚《さかな》がくさったようなにおいがするよ。
・15才《さい》を過《す》ぎても初経《しょけい》が来《こ》ないな。
・月経痛《げっけいつう》やイライラがあってつらいな。
・性器《せいき》がかゆいな、いたいな。

心《こころ》のなやみ――たとえばこんなとき

・自分《じぶん》の性《せい》について、わからないこと、なやんでいることがあるよ。
・自分《じぶん》だけが、まわりの人《ひと》とちがっているのではないかという気《き》がして、つらいよ。
・友《とも》だちやまわりの大人《おとな》など、身近《みぢか》な人《ひと》には相談《そうだん》できないなやみがあるよ。

頼《たよ》れるところインフォメーション

●病院《びょういん》

体《からだ》のなやみ

いつもみてくれる、小児科《しょうにか》の先生《せんせい》が相談《そうだん》にのってくれるよ。

女《おんな》の子《こ》は「産婦人科《さんふじんか》」を受診《じゅしん》しよう。

産婦人科《さんふじんか》は、妊娠《にんしん》や出産《しゅっさん》にかかわることだけではなく、おりもののなやみ、月経《げっけい》のなやみ、性器《せいき》のなやみなど、女性《じょせい》のいろんなトラブルに対応《たいおう》しているよ。

男《おとこ》の子《こ》は「泌尿器科《ひにょうきか》」を受診《じゅしん》しよう。

泌尿器科《ひにょうきか》は、男《おとこ》の人《ひと》の性器《せいき》にまつわるトラブルのほかに、おしっこをためておく「ぼうこう」、おしっこが通《とお》る「尿管《にょうかん》」、じん臓《ぞう》などに関係《かんけい》がある病気《びょうき》にも対応《たいおう》しています。15才《さい》になっても声《こえ》がわりがない場合《ばあい》は、小児科《しょうにか》に相談《そうだん》してみてね。

心《こころ》のなやみ

男《おとこ》の子《こ》も女《おんな》の子《こ》も、心《こころ》のなやみは「心《しん》りょう内科《ないか》」を受診《じゅしん》しよう。不安《ふあん》なとき、落《お》ちこんだ気持《きも》ちがつづいてしまうときなどに、みかたになってくれるところだよ。

●信頼《しんらい》できる大人《おとな》

身《み》のまわりに信頼《しんらい》できる大人《おとな》がいたら、まずはその人《ひと》に相談《そうだん》してみよう。

P.102でやったミッションを思《おも》い出《だ》してね。

●学校《がっこう》に通《かよ》っていたら

保健室《ほけんしつ》の先生《せんせい》や、学校《がっこう》にいるカウンセラーに相談《そうだん》してみよう。

●LINEでおなやみ相談《そうだん》

スマートフォンのアプリ「LINE」でなやみを聞《き》いてくれるところもあるよ。

日本家族計画協会《にほんかぞくけいかくきょうかい》「思春期《ししゅんき》・FP相談《そうだん》LINE」

思春期《ししゅんき》の体《からだ》についての心配《しんぱい》ごとや質問《しつもん》に、専門《せんもん》の相談員《そうだんいん》が答《こた》えてくれます。

月《げつ》〜金曜日《きんようび》 10〜16時《じ》（祝祭日《しゅくさいじつ》は休《やす》み）

https://www.jfpa.or.jp/sp/puberty/telephone/

あなたの住《す》んでいる地域《ちいき》の相談員《そうだんいん》につながる「全《ぜん》国精神保健福祉《こくせいしんほけんふくし》センター」や「性犯罪被害相談電話《せいはんざいひがいそうだんでんわ》（#8103）」「よりそいホットライン（0120-279-338）」など、電話《でんわ》で相談《そうだん》にのってくれるところもあるから、連《れん》らく先《さき》を調《しら》べて書《か》いておきましょう。

★「ぼくのクラスでは、休《やす》み時間《じかん》や下校時間《げこうじかん》に、男子《だんし》がふざけて『セックス!』ってさけんだり、エッチなかえ歌《うた》を歌《うた》ったりするのがはやっているんだ。ぼくはおもしろいと思《おも》わないけど……ノリが悪《わる》いと思《おも》われるのもイヤだなあ」

そうか。でも、その子《こ》たちが「セックス」の言葉《ことば》の意味《いみ》をちゃんと理解《りかい》したら、きっと意味《いみ》もなくさけぶことがおもしろいとは感《かん》じなくなるよね。

エッチなかえ歌《うた》も、「聞《き》いたらいやな気分《きぶん》になる人《ひと》がいる」とわかれば、歌《うた》っている本《ほん》人《にん》がはずかしくなってくるはずだよね。

きっと「よくわかっていないけど、聞《き》いた人《ひと》がはずかしがる反応《はんのう》がおもしろくて言《い》っているだけ」なんだよね。言葉《ことば》の意味《いみ》が正《ただ》しく伝《つた》わって、「大《おお》きな声《こえ》でそれを言《い》うのははずかしいことなんだ」とわかれば、もう言《い》わなくなるはず。ベテランの先生《せんせい》がそう教《おし》えてくれました。

クラスではやってしまっているなら、「ぜひクラスで性《せい》の授業《じゅぎょう》をやってください!」って学校《がっこう》の先生《せんせい》にリクエストする、絶好《ぜっこう》のチャンスです!

☽「赤《あか》ちゃんのできるしくみや、男《おとこ》の人《ひと》と女《おんな》の人《ひと》の体《からだ》のことについて話《はな》していたら、友《とも》だちに『えっ、下《しも》ネタ!?』と笑《わら》われました。わたしはまじめに話《はな》していたのに、なんだかすごくいやで、はずかしい気持《きも》ちになったな。なんて返《かえ》せばよかったのかな」

そういうこともありますよね。「うん、とっても大切《たいせつ》な話《はなし》だよ」って、つづけてみましょう。「そっか」と耳《みみ》をかたむけてくれるお友《とも》だちなら、もっとつづけて話《はな》してみて！

でも、もしかしたら、そのお友《とも》だちは、性《せい》の話《はなし》をするのがニガテなのかもしれません。それで、はぐらかしているのかもしれません。性《せい》のことはデリケートな話題《わだい》だから、そんなときは、いったんその話《はなし》をやめるのも、マナーのひとつですね。

☽「サッコ先生《せんせい》の話《はなし》を聞いて、ちょっと大人《おとな》に近《ちか》づいた気分《きぶん》！　これからわたしに起《お》こるいろんなこと、ワクワク楽《たの》しみになってきたよ」

★「ぼくは世界《せかい》がぐわーんっと広《ひろ》がった気《き》がするなぁ。自分《じぶん》の自分《じぶん》らしさも、友《とも》だちのその人《ひと》らしさも、大切《たいせつ》にしていきたいな」

☽「性《せい》って、まだまだふしぎ！」

★「おもしろい！」

大人の方へ

あらためまして、サッコ先生こと、高橋幸子です。性教育をしたいという思いで産婦人科医になり、20年が経ちます。埼玉にある病院の産婦人科で働くかたわら、小学生から大学生まで、それぞれの年代の子どもや学生への性教育にたずさわり、外部講師の立場から、日本の性教育の現状を眺めてきました。

幼いうちから「性」の話を

お子さんのそばにいるみなさんは、「性教育」と聞くと、どんなことを思い浮かべるでしょうか？　私は、「趣味も特技も、仕事も性教育！」という自己紹介をしているのですが、「性教育」といっても、けっして堅苦しい話ではないのです。自分の体を大切にすることから、ほかの人の心を大切にすることまで、「性」は、とても広くて深いテーマです。私は、「性」の知識は「ライフスキル」、つまり、生きていくために身につけておいたほうがいい知恵やマナーで、コミュニケーションのために必要だと思っています。

よく大人の方から、「いつから教えはじめたらいいのか？」とか「なにから教えたらいいか？」と訊かれることがありますが、子どもたちの性被害を予防するという観点からは、早ければ早いほどいいです。

性教育は、いきなり「セックス」や「マスターベーション」の話ではなく、自分の体を知ること、自分を好きになることからはじまります。それが、思春期に自分の体を意識しはじめたときに重要で、その後も、自分とまわりの人の体と心を守ることにつながるのです。

はじめに教えてあげてほしいこと

世界の性教育の基準が書かれている、ユネスコの「国際セクシュアリティ教育ガイダンス」では、性教育は5才からはじまっています。また、それ以下の年齢は、その国の事情に合わせて教えましょう、ということになっています。

思春期になると、自分の体に対する思いや悩みが増えてきます。できれば、もっと幼いころから、ひとりひとり違っていいんだ！　と知っていてほしいな、と私は思います。それが、思春期以降に、人と自分を比べて落ち込むのを軽減するからです。

この本の8ページと100ページで説明したプライベートゾーンの話は、2才くらいから理解できると思います。プライベートゾーンを「見せて」「触らせて」と言ってくる人がいたら、「いやだ!」「NO!」って言っていいんだよ。そういうことがあったら、信頼できるまわりの大人に報告してね。そして、ほかの人のプライベートゾーンも大切にしようね。こういう話は、いつから伝えてもいいですよね。

思春期になってからでは、親子や家族というとても近い関係性で、性について話題にすることはむずかしくなるかもしれません。そういうときには、この本をお子さんがひとりで読むように、そっと渡すか、何気なくお部屋やトイレなどの個室(ひとりで読めるところ)に置いてみてくださいね。

なぜプライベートゾーンを学ぶのか?

「プライベートゾーン」について学ぶことは、被害者にも加害者にもならないために必要です。日本は残念ながら、小児性愛者による性被害が、男子にも女子にもあります。以前、小学校2年生と4年生の姉妹が、私が担当している思春期外来に来たことがありました。彼女たちは、大学生の兄から性的虐待を受けていたのです。2年生の妹が母親に報告して、発覚しました。妹は、プライベートゾーンという言葉を学んだことがありました。しかし、姉ははじめてその言葉を聞いた、と言いました。プライベートゾーンという言葉、概念を知っていれば、SOSを出せる。そのとき、そう確信しました。

なぜ「自分の性器を見てみよう」というミッションがあるのか？

この本の35ページには、「性器を見てみよう」というミッションがあります。驚かれた方もいるでしょうか？　男性に比べ、女性は見えにくいこともあり、大人の方でも、自分の性器を見たことがない人がいます。

陰部という言葉が示すように、恥ずかしいもの、隠すべきものという思い込みがあるのかもしれません。しかし、性器も、腕や足や手と同じように、大切な体の一部分ですね。

一番大切なのは、「清潔を保つこと」。男の子も女の子も、構造を理解して、自分できちんと洗えるように、と伝えていきましょう。44ページには、「性器の洗いかた」というコラムを載せました。

ひとりひとりの顔が違うように、ひとりひとりの性器も違う。本などに載っている一般的な性器のイラストと比べてみて、かたちや大きさが違うと「自分は特別におかしいんだ……」と心配になってしまう子もいます。でも、みんな違ってみんないいんです！

そして、もうひとつ大切なことは、「ふだんとの違い」に気がつけること。いつもと様子が違って、何かができている、痛い、かゆい。そういった症状が出てきたときに、ちゃんと気づいて、治療を受けるために、性器を体の特別な場所としてではなく、大切な体の部分のひとつととらえてほしいです。

また、子どもが性被害にあったとき、どこに何が起きたかを自分でうまく話せないと、証拠として扱われないという事例もあり、性器の名称を正しく覚えて、言えるということが教育としての目標です。

思春期の入り口で、「性」を知ること

私は毎年、いくつかの小学校に呼んでいただき、講演をしています。小学校4～6年生には、私と助産師、妊婦さんと3人で授業をおこないます。この本は、その授業をベースにしています。実際の授業では、子どもたちに向けて、「おへそ」からはじまる話をしたあとに、私の出産ビデオ（7分）を上映します。

10年以上前からこのスタイルで授業をおこなっています。見学している保護者から「4年生にそこまで教えるのか」と、いつ批判を受けるかと思いながらも、つづけてきました。8、9才になると、子どもたちの体は思春期に向かっていきます。女の子は初経を迎える子も増えて、妊娠につながる体をもつことになります。私が思春期外来で診察した性的虐待を受けた子どもたちのことを伝えると、保護者からは、クレームはおろか「よくぞ伝えてくれた」というコメントばかりいただきます。そういうときは、ホッとして、やっていてよかったなと胸をなで

おろします。

性被害、性的虐待から子どもを守る

思春期外来では、「自分を大切に」という言葉が通用しないのではないか、と感じる子どもたちがいます。その原因のひとつに家庭内での性被害、性的虐待があります。

私が勤めている大学病院の産婦人科思春期外来では、若年妊娠や性的虐待の診察をしています。性的虐待にあったために受診してくるのは、だいたい中学生になってからの子たちです（プライベートゾーンを学ぶ子が増えて、低年齢での受診が増えてきました。２０２３年7月追記）。自分が家庭内でされていることがなんなのか、中学生くらいになると意味がわかり、学校の先生にぽろっと相談したことがきっかけで、児童相談所経由で、病院への受診につながってくるのですね。しかし、彼らの話を聞いていると、小学生、もっと前の段階から被害を受けていることが多いのも事実です。

滅多にないこと、ではない

２０１９年7月にスウェーデンへ、性教育の視察に行きました。私が日本で中学3年生向けに「学習指導要領をちょっとオーバーした内容かな？」と思いながらもおこなってきた性教育の内容を、なんとスウェーデンでは、小学6年生が、生徒同士でディスカッションしながら学んでいました。

そんなスウェーデンでは、性的虐待について伝えるときに、こんなふうに言っています。「よくあることだから、まわりの大人に相談してね」。あなたが受けている性被害、性的虐待は、よくあること。特別なことではないよ。相談しにくいことではないよ。そう伝わる工夫が必要だと思っています。

日本でも段階的な性教育を

日本の性教育はまだまだ国際水準からは遠いのが現状です。現在の小学校の学習指導要領（＊1）では、5年生の理科で「人は、母体内で成長して生まれること」

を教えますが、「受精に至る過程は取り扱わない」という歯止め規定があります。さらに言えば、中学校の学習指導要領（＊2）では、中学3年生の保健体育で性感染症予防としてコンドームについて教えることになっていますが、「受精・妊娠を取り扱うものとし、妊娠の経過は取り扱わない」とあります。つまり、セックスを教えずにコンドームについて伝えなければならないのです。

多くの若者たちが、義務教育で十分な性教育を受けられないまま、インターネットやアダルトビデオからゆがんだ情報を取り込んでしまっているのが現状です。

知識をつけることはライフスキル

子どもたちが、体と心、性について学ぶ時間は、自分やまわりの人を守る「防犯」と、自分の体を好きな気持ちを育むこと、2つの意味でとても大切です。科学に裏打ちされた知識と、この社会の一員として生きる人権の意識をしっかり身につけることで、子どもたちの将来の選択肢は増えていきます。自分自身のことを知り、自分の体を自分で守る権利は、ひとりひとりに保障されているはずなのです。

本書で参考にした文献・プログラム

◎（P39、P71等）『国際セクシュアリティ教育ガイダンス【改訂版】——科学的根拠に基づいたアプローチ』
ユネスコ＝編　翻訳：浅井春夫、良香織、田代美江子、福田和子、渡辺大輔（2020年8月 明石書店刊）

◎（P100）「CAP（子どもへの暴力防止）プログラム」
人権をベースにした子どもの安心・安全を守る予防教育。

発達やニーズにあわせて幼児期～中学生までの子どもと、おとなが対象。

詳細はCAPセンター・JAPANまで（http://www.cap-j.net/）

◎『日本産婦人科医会「思春期ってなんだろう？ 性ってなんだろう？」
2019年度改訂版——分割資料（中学生向け説明付）』

＊1　文部科学省「小学校学習指導要領」小学五年生理科「B生命・地球」「（2）動物の誕生について」「内容の取扱い」より（2020年12月現在）

＊2　文部科学省「中学校学習指導要領」保健体育「保健分野」「内容の取扱い」より（2020年12月現在）

女の子のそばにいる大人の方へ

月経痛（生理痛）は、がまんする前に痛み止めを

月経がはじまって、おなかに痛みがあるようなら、まず、骨盤内の血流を促すストレッチとか、軽い運動、湯船につかるのもいいですね。

大学の保健室にやってくる大学生が「こんなに若いうちから痛み止めを使っていたら、将来痛み止めが効かなくなってしまうから」という理由で、親御さんから痛み止めを使わせてもらえなかった、と言っていました。月経のときだけ痛み止めを飲むくらいでは、今後効かなくなるという心配はいりません。上手に痛み止めを使えるように、まずは大人がサポートしてあげてくださいね。

痛み止めは、うんと痛くてがまんできなくなってから飲むのでは、実はあまり

よく効果を発揮してくれません。いつも月経痛があるよ、という人は、月経が来た時点であらかじめ飲んでおくと、楽に過ごせますよ。

痛み止めを飲む回数が増えて、一度の月経で4回以上飲まなくてはならないようなら、産婦人科を受診しましょう。子宮や卵巣の腫れの原因になるようなもの（子宮内膜症や構造の異常など）が潜んでいないか、まずはおなかの上からエコーで診察してみましょうね。

大事なときには低用量ピル、月経移動もひとつの手

月経痛が強かったり、月経不順で次にいつ来るかわからなかったりすると、実は人生でだいぶ損をします。「毎日コツコツ勉強してきたのに、第一志望の受験のその日に生理がぶつかって、痛みや眠気で実力を発揮できなかった……」ということがないように、低用量ピルや月経移動でサポートしてあげることもできますよ！　温泉や海外旅行にも、月経がぶつかるのはイヤですよね。

10代のうちからパートナードクターを

「産婦人科なんてまだ早い」と思うかもしれませんが、月経がはじまったら、産婦人科のパートナードクターを持ちましょう、ってオススメしています。月経痛の相談や、月経移動、ＨＰＶワクチンの接種などで産婦人科に行ったことがあるお嬢さんには、あるすばらしい特典がついてきます。

なんだと思いますか？

実は、緊急避妊のためのアフターピルをもらいに行く病院を、なんとなくみつけておくことになるんですね！

アフターピル（72時間以内）が必要になったとき、もしかしたら親御さんに相談しづらい状況があるかもしれませんね。でも、非常事態のその前に、一度でも行ったことがある産婦人科があったなら……。「あの先生のところを頼ってみよう」と思えるかもしれません。アフターピルの薬局での販売が検討されはじめました（２０２３年7月現在）。薬局で購入できるかどうかについても、最新の情報を確認してみてください。

自立とは、頼れる先が増えること。保護者から、オススメのパートナードクターを、ぜひつないであげてください。そして大人の女性にも、パートナードクターを持つことをオススメしますよ！

産婦人科受診の3つのサイン

1　3か月以上、月経がこない

2　出血が3週間つづいている

3　1か月に3回、出血がある

サッコ先生のおすすめ！
本と情報サイト

『メグさんの女の子・男の子からだBOOK』

メグ・ヒックリング 著／キム・ラ・フェイブ 絵／三輪妙子 訳（築地書館刊）

カナダの看護師で、性教育の第一人者であるメグ・ヒックリングさん。子ども向けのワークショップが絵本になっています。彼女は性被害を減らすことに貢献し、栄誉あるカナダ勲章をもらいました。

『あかちゃんはどうやってできるの？』

コーリー・シルヴァーバーグ 著／フィオナ・スミス 絵／たちあすか 訳（岩波書店）

スウェーデンでは保育園で教科書として使われています。多様な家族のかたちを含むインクルーシブな本です。

『マンガ おれたちロケット少年《ボーイズ》』

手丸かのこ・金子由美子 著（子どもの未来社刊）

小学生の年ごろの男の子たちが不安になるテーマをマンガで解説してくれます。知識を教えてくれるだけではなく、「ひとりで悩まなくていいんだ！」と安心感を与えてくれるのがこの本の魅力ではないでしょうか。

『自分を生きるための〈性〉のこと：性と生殖に関する健康と権利（SRHR）』 今井伸・高橋幸子 著／hara 絵（少年写真新聞社）

泌尿器科医の今井先生とサッコ先生の二人が、中高生向け講演会で語りかけるような文章で書いた本です。

『10代のための性の世界の歩き方』 櫻井裕子 著／イゴカオリ 漫画（時事通信社）

マンガで読める交通ルールのような性教育。教育現場で10代向けの性教育を多数実践してきた助産師の櫻井先生が、現代の子どものリアルに即した性の知識を伝えてくれます。

家庭でできる性教育サイト「命育」 https://meiiku.com

年齢別に「どうやって性について伝える？」という大人のギモンに答えてくれるサイトです。私も専門家のひとりとして、みなさんの具体的なお悩みに答えています。

スマホで読める性の教科書「SEXOLOGY〜性を学ぶセクソロジー〜」 https://sexology.life

大学生向けの性教育サイト。科学的でポジティブな情報満載です。「国際セクシュアリティ教育ガイダンス」に基づいて、人権の話から人間関係の話まで幅広くカバーされています。

サッコ先《せん》生《せい》と！
からだこころ研《けん》究《きゅう》所《じょ》

小学生《しょうがくせい》と考《かんが》える「性《せい》ってなに？」

2020年11月22日　初版第1刷発行
2023年8月26日　第5刷発行

著者
高橋幸子

構成
小宮山さくら

イラスト
本田 亮

ブックデザイン
アルビレオ

編集
當眞 文

発行者
孫 家邦

発行所
株式会社リトルモア
〒151 0051 東京都渋谷区千駄ヶ谷3-56-6
Tel. 03-3401-1042　Fax. 03-3401-1052　www. littlemore.co.jp

印刷・製本所
株式会社シナノパブリッシングプレス

Printed in Japan　ISBN 978-4-89815-529-5